Renate Zimmer

Handbuch Sprachförderung durch Bewegung

Renate Zimmer

Handbuch Sprachförderung durch Bewegung

HERDER

FREIBURG · BASEL · WIEN

6. Auflage 2013

www.herder.de

Umschlaggestaltung und -konzeption:
R·M·E Roland Eschlbeck/Rosemarie Kreuzer
Umschlagabbildung: Barbara Mößner
Fotos im Innenteil: Imke zur Lage, Nadine Vieker
Zeichnungen: Kerstin Tieste

Satz: Weiß-Freiburg GmbH – Graphik & Buchgestaltung
Herstellung: fgb · freiburger graphische betriebe
www.fgb.de

Gedruckt auf umweltfreundlichem, chlorfrei gebleichtem Papier
Printed in Germany

ISBN 978-3-451-32160-3

Inhalt

Vorwort

Seit die Ergebnisse der Pisa- und OECD-Studien darauf aufmerksam gemacht haben, dass Bildungschancen in hohem Maße von den sprachlichen Fähigkeiten der Kinder abhängen, steht die Sprachförderung im Fokus bildungspolitischer Bemühungen. In allen Bundesländern gibt es regelmäßige Sprachstandserhebungen im Kindergarten, erhebliche Fördermittel und personelle Ressourcen werden in Sprachfördermaßnahmen investiert.

Dabei ist allerdings seit einigen Jahren ein besorgniserregender Trend zur isolierten Förderung der sprachlichen Kompetenzen zu verzeichnen, der fatal an die sogenannten „funktionsorientierten Curricula" der 1960er und 1970er Jahre erinnert. Auch hier gab es „Sprachtrainingsmappen" (Schüttler-Janikulla 1971), die bereits damals vor allem im Kontext lebensweltorientierter und situationsorientierter Curricula heftig kritisiert wurden (Arbeitsgruppe Vorschulerziehung 1974, Liegle 1991).

Diese Gefahr droht auch heute wieder, kommen doch zurzeit viele Materialien auf den Markt, die Sprachförderung sehr funktionsorientiert betrachten.

Dabei muss Sprachförderung nicht losgelöst werden von den alltäglichen Aktivitäten im Kindergarten oder nur in Form von Zusatzangeboten ablaufen, sie kann eingebunden werden in den Kindergartenalltag und sogar verknüpft werden mit anderen wesentlichen Bildungsbereichen. Dadurch ist eher gewährleistet, dass die Interessen und Bedürfnisse der Kinder berücksichtigt werden (die ja nicht Interesse an der Sprache an sich haben, sondern sie eher als Mittel zum Zweck benutzen).

Mit diesem Handbuch wird ein ganzheitliches Sprachförderkonzept vorgelegt, das von der Körperlichkeit des Kindes ausgeht und über die sinnlichen Erfahrungen den Spracherwerb unterstützen will. Es werden grundlegende Überlegungen zur Sprachentwicklung, aber auch zur Wahrnehmungs- und Bewegungsentwicklung – die untrennbar mit der Sprachentwicklung zusammenhängen –

vorgestellt. Die Verbindungen werden pointiert aufgezeigt, um zu verdeutlichen, warum es so fruchtbar sein kann, Wahrnehmung, Bewegung und Sprache in Förderangeboten miteinander zu verbinden. Erste Forschungsergebnisse werden referiert, die die positiven Effekte einer bewegungsorientierten Sprachförderung bestätigen.

Neben diesen theoretischen Grundlagen zeigt eine Vielzahl von Praxisbeispielen, wie Bewegungsanlässe zu Sprachanlässen werden können und wie eine in den Alltag integrierte Sprachförderung durch Bewegung gestaltet werden kann.

Die hier vorgestellten Beispiele sind in der Gesamtgruppe durchführbar, sie leben davon, dass die Gruppen heterogen sind, also Kinder mit guten sprachlichen Fähigkeiten gemeinsam mit solchen, die Schwierigkeiten in der sprachlichen Kommunikation haben, beteiligt sind und sich gegenseitig stärken.

Es geht in diesem Buch nicht um die Behandlung von Sprachstörungen oder Sprachentwicklungsverzögerungen. Im Vordergrund stehen vielmehr die ganz normale Sprachentwicklung von Kindern und die Möglichkeiten, sie zu unterstützen.

Nicht alle Kinder, die sich sprachlich nicht gut verständigen können, haben Sprachstörungen. Oft kommen sie jedoch aus einem schwachen sozialen Milieu und haben zu Hause nur wenig Sprachanregungen oder aber Eltern mit einem schlechten Sprachvorbild. Oder es sind Kinder aus Zuwanderungsfamilien, die in ihrem Elternhaus nur ihre Muttersprache sprechen und wenige Möglichkeiten haben, die deutsche Sprache ausreichend zu üben. Die Kinder sprechen z. B. in unvollständigen Sätzen oder haben nur einen sehr kleinen Wortschatz oder eine unverständliche Aussprache.

Ein ganzes Kapitel ist der Sprachförderung von Kindern mit migrationsbedingter Zwei- oder Mehrsprachigkeit gewidmet. Havva Engin zeigt Wege auf, warum und wie auch bei Kindern, die Deutsch als Zweitsprache lernen, Bewegung den Sprachlernprozess nachhaltig unterstützen kann.

Die Hauptzielgruppe des Buches sind Erzieherinnen und Erzieher, die mit Kindern von 0 bis 6 Jahren arbeiten. Sie sollen Anregungen erhalten, wie die Sprachentwicklung der Kinder lustvoll und spielerisch, aber dennoch zielgerichtet und systematisch begleitet, unterstützt und angeregt werden kann.

Sprachförderkräfte und Sprachtherapeuten finden hier Tipps, wie auch in einer individuellen Sprachtherapie mit einzelnen Kindern oder in kleinen Gruppen Sprachförderung an der Körperlichkeit und Sinnlichkeit der Kinder ansetzen kann. Ausgehend von der Freude, die Kinder an der Bewegung, aber auch an der Sprache haben, will das Buch einen Weg aufzeigen, beides miteinander zu verbinden und damit zusätzliche Fördereffekte zu schaffen.

Die praktischen Beispiele sind als Anregungen zu verstehen, das Thema in der eigenen Arbeit weiterzuentwickeln.

Zur Strukturierung des Textes und zur besseren Übersicht werden folgende Symbole verwendet:

Wichtige, für die Praxis relevante theoretische Erkenntnisse sind – damit sie nicht so leicht überlesen werden – mit nebenstehendem Symbol hervorgehoben.

Dieses Symbol macht darauf aufmerksam, dass hier ein praktisches Beispiel zum behandelten Thema vorgestellt wird.

Hinweise auf weiterführende, vertiefende Literatur sind mit nebenstehendem Symbol gekennzeichnet.

Um den Text lesbarer zu machen, wurde auf die Nennung der weiblichen und männlichen Form – Pädagoginnen und Pädagogen – verzichtet. Wenn von Erzieherinnen und Lehrerinnen die Rede ist, sind natürlich ebenfalls auch die Erzieher und Lehrer gemeint.

Abschließend möchte ich mich bedanken bei den Erzieherinnen, die an dem Projekt „Bewegungs- und Gesundheitsförderung im Kindergarten" teilgenommen haben. Die Sprachförderung war hier einer der Schwerpunkte, da eine gelungene Kommunikations- und Interaktionsfähigkeit zu den wesentlichen Voraussetzungen für psycho-soziales Wohlbefinden zählt.

In vielen Fortbildungstagen wurde das Konzept diskutiert und die Praxisbeispiele erprobt. Die Erzieherinnen berichteten voller Begeisterung von der Freude der Kinder an den Sprach- und Bewegungsspielen und brachten viele eigene Ideen in die Fortbildung ein. Ein Teil der empirischen Ergebnisse, die in diesem Buch referiert werden, beruht auf den in diesem Projekt durchgeführten Untersuchungen, die immer auch mit einem erheblichen Arbeitsmehraufwand der Erzieherinnen verbunden waren.

Ein Dank geht schließlich an meine Mitarbeiterinnen Brigitte Ruploh und Yvonne Zimmermann für ihre Mitarbeit bei der Datenauswertung und der Erstellung der Übersichtstabellen.

Renate Zimmer

1. Einführung: Sprachförderung braucht Bewegung

Kinder erschließen sich ihre Umwelt über ihren Körper, ihre Sinne. Indem sie vom ersten Tag ihres Lebens an selbst tätig werden, gewinnen sie Erfahrungen, die ihnen ein zunehmendes Wissen über sich selbst, über ihre Mitmenschen und über die dinglich-räumliche Umwelt ermöglichen. Auch der Spracherwerb ist ein Lernprozess, der durch die aktive Auseinandersetzung des Kindes mit seiner materialen und sozialen Umwelt geprägt ist.

Kindliche Entwicklung ist als Einheit von Wahrnehmen, Handeln, Fühlen und Denken zu verstehen. Sie ist geprägt durch die Merkmale der Selbsttätigkeit und Eigenaktivität, die sich sowohl in der Bewegungsentwicklung des Kindes als auch in seiner Sprachentwicklung äußern. Der aktive Gebrauch der Sprache – im Dialog mit Erwachsenen und auch mit anderen Kindern – ist entscheidend für den Erwerb sprachlicher Kompetenzen.

Wie Bewegungshandeln zum Ausgangspunkt für sprachliche Prozesse wird, soll im folgenden Abschnitt aufgezeigt werden.

Expressive und instrumentelle Funktion von Bewegung und Sprache

Die ursprüngliche Funktion der Sprache ist die der Mitteilung und Verständigung.

Durch Sprache und Sprechen stellt das Kind Beziehungen zu anderen, zu Erwachsenen und Kindern her. Es kann Wünsche und Bedürfnisse äußern, kann sich mitteilen und Dinge erfragen. Lange bevor das Kind die verbale Sprache nutzt, teilt es sich bereits mit Gesten, Mimik, Gebärden – über seinen Körper – mit. Bereits Säuglinge nehmen über Gestik und Mimik Kontakt mit der Umwelt auf. Sie drücken durch Bewegungen Wohlbefinden aus, indem sie mit Armen und Beinen strampeln, oder signalisieren Abwehr, indem sie sich körperlich von einem Interaktionspartner abwenden.

Mit Sprache Beziehungen herstellen

Sprache beinhaltet also unterschiedliche Mittel der Kommunikation: Gestik und Mimik, Laute und Gebärden, die Körperhaltung und -bewegung. Das Kind hat viele Möglichkeiten, sich auszudrücken, auch nonverbale Kommunikationsformen sind wichtige Mittel, anderen Botschaften zu senden.

Mit zunehmendem Alter übernimmt die verbale Sprache die Form der Mitteilung und des Austauschs, wobei jedoch auch im Erwachsenenalter die anderen Kommunikationsebenen noch bestehen bleiben.

Sprache wird vom Kind jedoch auch verwendet, um eine Absicht zu realisieren, es will „mit Worten Dinge geschehen machen“ (Bruner 2002, 8). Zuvor lässt es jedoch über seinen Körper Dinge geschehen: Der Ball, der mit einem Fußtritt in Bewegung versetzt wird, vermittelt ihm das Gefühl von Selbstwirksamkeit, es sieht sich selbst als Urheber einer Wirkung.

Mit Sprache Absichten realisieren

Die zunehmende Beherrschung des Körpers und der Sprache eröffnen ihm den Weg in die Selbstständigkeit.

Bewegungshandeln als Ausgang für sprachliche Prozesse

Sprache baut auf dem Handeln auf: Zuerst kommt das körperlich-sinnliche Erkunden einer Sache, dann erst erfolgt die sprachliche Begleitung. Das Kind spielt z. B. mit dem Ball, lässt ihn auf den Boden prellen. „Ball springt" sagt es, aber nicht *bevor*, sondern *nachdem* es sich mit ihm beschäftigt hat. Im Tun, im handelnden Umgang mit Gegenständen und Objekten entdeckt es die Sprache als nützliches Medium, als Werkzeug des Handelns. Erst im Laufe der Zeit werden Handlungen verinnerlicht, das Kind kann die Handlung reflektieren. Sprache ermöglicht dann eine gedankliche Vorwegnahme („ich will Ball spielen") oder rückblickende Reflexion des Tuns („ich habe das Tor getroffen") und damit eine Distanz zur aktuellen Situation.

Körperlich-sinnliches Erkunden

Das Kind gewinnt, bevor es sich sprachlich mitteilen kann, bereits ein Wissen über die Beschaffenheit von Gegenständen oder die Funktion von Objekten. Dass ein Ball rund ist, auf dem Boden rollt oder hochspringt, wenn man ihn fallen lässt, dieses Wissen hat es aufgrund seiner Erfahrungen durch Wahrnehmung und Bewegung, in denen sich die Zusammenhänge erschließen. So werden durch das Handeln gewonnene Erfahrungen in Verbindung mit der Sprache zu *Begriffen*. Diese Begriffe ermöglichen dem Kind die innere Abbildung der Welt (Zimmer 2008a, 83 f.). Zeitliche Begriffe wie „langsam" und „schnell", räumliche Begriffe wie „hoch" und „tief" erfährt das Kind z. B. in Bewegungshandlungen, die es in Raum und Zeit variiert. So erweitert es seinen Wortschatz und erwirbt die Voraussetzung für das Verständnis sprachlicher Klassifizierungen.

Eingebunden in sinnvolle, bedeutungsvolle Handlungssituationen, in denen verbale und nichtverbale Handlungsteile ineinandergreifen, lernt das Kind, sich seines Körpers und der Sprache als Werkzeuge zu bemächtigen.

Sprache ermöglicht geistige Operationen

Der Spracherwerb ist eng mit der kognitiven Entwicklung verbunden. Sprache ermöglicht Denken, unabhängig von der konkreten Handlung. Sie ermöglicht, sich etwas vorzustellen, abstrakte geistige Operationen, die losgelöst von der realen Tätigkeit sind. Allerdings geht der Spracherwerb vom praktischen Handeln, von der körperlichen Tätigkeit aus. Man kann sogar sagen, dass Sprache zuerst ein körperlich-motorischer Vorgang ist. Dies gilt es zu berücksichtigen, wenn man sich mit Möglichkeiten der Förderung des Spracherwerbs bei Kindern befasst.

Bewegungshandeln ist gleichzeitig auch Sprachhandeln

Bewegungsaktivitäten regen zu explorativen Handlungen an, ermutigen das Kind, sich sprachlich zu äußern, einzugreifen. Das Kind lernt, mit den Dingen, aber auch mit den Worten zu handeln.

Erkenntnis-interesse

Bewegung wird vom Kind nicht nur aus Lust an der Tätigkeit betrieben, sondern ist in der Regel auch von seinem Erkenntnisinteresse gesteuert. Bewegungshandlungen werden daher geplant, gesteuert, sie sind mit Strategien der Problemlösung verbunden: Führt der eingeschlagene Weg zum Ziel? Welche alternativen Möglichkeiten stehen zur Verfügung? Was ist die Ursache für eine Wirkung, für einen sichtbaren, spürbaren Effekt? Bewegungsaktivitäten sind explorative Handlungen, bei denen das Kind sich ein Bild von der Beschaffenheit und Gesetzmäßigkeit der Dinge macht und seine Annahmen im eigenen Tun überprüft. Beim Suchen nach Lösungsmöglichkeiten kann es die eigenen Handlungen variieren und dabei die Bewegung als Mittel zum Zweck einsetzen.

Sprachliche Begleitung von Bewegung

Die Pädagogin kann die Bewegungsaktivitäten des Kindes sprachlich kommentieren, damit wird die Aufmerksamkeit des Kindes noch intensiver auf die Sache gerichtet. Sprache dient der Vergewisserung, der Bewusstmachung des erlebten Effektes. Verursacher eines Handlungseffektes zu sein heißt auch, sich der Regelhaftigkeit des Vorgangs bewusst zu sein. Handlungen können so durch die sprachliche Bewusstmachung zu Erkenntnissen führen („Du hast mit dem Ball genau in den Reifen getroffen…").

Spielideen als Anlass für Sprachhandlungen

Dies stellt keine zielgerichtete Förderung einzelner sprachlicher Kompetenzen dar, doch situative und bewusst inszenierte Bewegungsangebote können für die Kinder Anlässe zum Sprechen, zum Erweitern und Differenzieren ihres Sprachvermögens sein. Über Bewegungsspiele können sprachliche Lernprozesse provoziert werden. Eine Spielidee liefert den Anlass für Bewegungshandlungen wie auch für Sprachhandlungen. Situationen werden

„versprachlicht". Damit sind Spielhandlungen zugleich komplexe Sprachlernsituationen. Ebenso können umgekehrt Sprachhandlungen zu Bewegungsanlässen werden: Die Beschreibung einer Situation wird durch Gestik begleitet; ein Rollenspiel lebt zwar durch die sprachliche Kommunikation der am Spiel Beteiligten, es wird gleichzeitig aber auch körperlich inszeniert.

Bewegungsanlässe sind auch Sprachanlässe

Sprache und Bewegung – beides sind bei Kindern wesentliche Mittel der Erkenntnisgewinnung, des Ausdrucks und der Mitteilung. Das Grundanliegen einer bewegungsorientierten Sprachförderung von Kindern sollte darin bestehen, eine anregungsreiche, zur Aktivität und zum Handeln auffordernde Umwelt zu schaffen, in der das Kind seinen Körper, Bewegung, Sprache und Stimme gleichermaßen einsetzen darf, um sich mit sich selbst und anderen auseinanderzusetzen. Bevorzugtes Mittel ist dabei das Spiel. Es schafft Bewegungs- und Sprechanlässe, die dazu beitragen, das sprachliche und körpersprachliche Handlungsrepertoire ebenso zu erweitern wie das Bewegungsrepertoire.

Bewegung besitzt also ein entwicklungsförderndes Potenzial, das sich insbesondere in den ersten Lebensjahren positiv auf die Sprachentwicklung auswirken kann. Die sprachfördernde Wirkung entfaltet sich dabei z.T. eher indirekt und beruht insbesondere auf den vielfältigen Sprechanlässen, die sich beim gemeinsamen Spiel ergeben, beim Bauen und Konstruieren, beim Aushandeln von Rollen und Regeln, im spontanen, spielerischen Umgang mit der eigenen Stimme bei Rollen- und Symbolspielen. Sie entfaltet sich insbesondere in dem motivierenden, lustbetonten Kontext, in dem Bewegungshandeln sich zwanglos mit sprachlichem Handeln verbinden lässt.

Sprach- und Bewegungsförderung – Querschnittaufgabe der pädagogischen Arbeit in Kindergarten und Schule

Sprache ist ebenso wie Bewegung nicht an einen Ort, an eine Zeit zu binden, über beides – Sprache und Bewegung – entdecken Kinder die Welt. Sie setzen sich mit ihren sozialen und dinglichen Gegebenheiten auseinander, eignen sie sich an und wirken auf sie ein. Da liegt es nahe, beide Bildungsbereiche in ihrer wechselseitigen Beeinflussung zu betrachten. Aufgrund ihrer Bedeutung für kindliche Entwicklung muss Sprachförderung ebenso wie Bewegungserziehung eine Querschnittaufgabe der pädagogischen Arbeit im Kindergarten sein.

Sprachförderung für *alle* Kinder

Durch die bewusste Inszenierung von bewegungsorientierten Sprachlernprozessen eröffnet sich die Möglichkeit, zwar ohne zeitlich fixierte Förderstunden, aber doch durch didaktisch reflektierte Angebote die Kinder in ihren sprachlichen Kompetenzen zu unterstützen. Damit werden *alle* Kinder erreicht, besonders wichtig ist dies für die Kinder, die aufgrund ihrer sozialen und kulturellen Herkunft und ihrer individuellen Voraussetzungen einer besonderen Unterstützung bedürfen.

Der spielerische Umgang mit der Sprache, die Lust am Nachahmen, das unbefangene Ausprobieren von Lauten – dies sind gute Voraussetzungen, die Sprache zu lernen. Bewegung unterstützt diesen Prozess – Sprache wird so am eigenen Leib erfahren.

An den Kompetenzen ansetzen!

Bewegungsorientierte Sprachförderung beinhaltet die Chance, an den Kompetenzen der Kinder anzusetzen – und nicht an ihren Schwächen.

Je jünger Kinder sind, umso mehr brauchen sie Aktivitäten und Dialoge, in denen die gesprochene Sprache mit weniger rationalen Ausdrucksmitteln und mit Sinneswahrnehmungen, mit Bewegungs- und Handlungserfahrungen verknüpft werden (Sander & Spanier 2003, 15). Eine bewegungsorientierte Sprachförderung sollte eine anregungsreiche, zur Aktivität und zum Handeln auffordernde Umgebung schaffen, in der das Kind Körper und Bewegung, Sprache und Stimme gleichermaßen lustvoll einsetzen kann.

Sprachförderung braucht also Bewegung – im wörtlichen wie im übertragenen Sinne.

2.

Bewegung und Sprache im Kontext frühkindlicher Bildungsprozesse

Kindertageseinrichtungen – Krippen und Kindergärten – haben einen eigenständigen Bildungsauftrag. Sie sollen Kindern – in Ergänzung zu der Familie – optimale Entwicklungsbedingungen bieten und ihnen alle Kompetenzen vermitteln, die das Kind befähigen, jetzige und künftige Lebenssituationen möglichst selbstständig bewältigen und ihr Leben aktiv gestalten zu können. Die Diskussion über Bildungschancen im Elementarbereich und die Erkenntnis, dass durch den frühen Besuch von Kindertageseinrichtungen die Bildungskarriere von Kindern nachhaltig beeinflusst wird, führte dazu, dass innerhalb der im Kinder- und Jugendhilfegesetz verankerten Trias „Betreuung, Bildung, Erziehung“ das Gewicht von der Betreuung und Erziehung zunehmend auf die Bildung verschoben wurde.

Bildung – die Basis für lebenslanges Lernen

Die von allen Bundesländern herausgegebenen Bildungs-, Orientierungs- und Erziehungspläne für den Elementarbereich thematisieren Bildung unter dem Aspekt der Förderung grundlegender Kompetenzen und Ressourcen, die Kindern ein stabiles Fundament für ihre Entwicklung vermitteln und sie befähigen, ein Leben lang zu lernen.

Sprache und Bewegung werden dabei in allen Bildungsplänen als wesentliche Bildungsbereiche genannt, sie werden jedoch fast immer nebeneinander behandelt, auf die Verknüpfung beider Bereiche wird nur selten hingewiesen.

Das folgende Kapitel befasst sich mit der Bedeutung von Sprache und Bewegung im Kontext frühkindlicher Bildungsprozesse.

2.1 Bildung von Anfang an

Die Sichtweise auf die ersten Jahre des menschlichen Lebens hat sich in den letzten Jahrzehnten rapide verändert. Die ersten Lebensjahre gelten heute als die Zeit, in der der Mensch die rasantesten Entwicklungsfortschritte macht. Als Beispiel können dabei der Erwerb der Sprache und Entwicklungsprozesse der Motorik herangezogen werden (vgl. Kap. 4). Zum Zeitpunkt der Geburt ist das Gehirn unreif, nur die Basisfunktionen sind ausgebildet. Die Sinnesorgane beginnen Signale, wie Berührungen, Sprache, Geräusche, Farben und Formen, aus der Umwelt aufzunehmen – erst diese Erfahrungen stoßen die Vernetzung im Gehirn an. Von den bei der Geburt angelegten 100 Milliarden Nervenzellen und ihren Verbindungen bleiben schließlich diejenigen erhalten, die durch Übung und Erfahrung aktiviert werden. Indem das Kind seine Sinne nutzt, entwickelt und differenziert es sie weiter aus.

Bewegung und sinnliche Wahrnehmung spielen von Geburt an eine wesentliche Rolle für die gesamte Entwicklung. Neugier und Erkundungsbereitschaft bilden die Basis für die Exploration der sozialen und materialen Umwelt. Das Kind ist von Geburt an fähig, Theorien zu bilden, die es durch das eigene Handeln überprüft, verwirft, bestätigt, modifiziert. Lernprozesse laufen selbst initiiert, selbst organisiert und erfahrungsabhängig ab (vgl. Zimmer 2008, 212).

Lernprozesse sind abhängig von Erfahrungen

2.2 Zum Verständnis von Bildung

Bildung setzt bereits mit der Geburt ein, sie findet an unterschiedlichen Orten und unter verschiedenen Rahmenbedingungen statt. Dabei trägt die Gesellschaft eine große Verantwortung, denn die Bildungschancen von Kindern müssen unabhängig von den Zufälligkeiten ihrer Lebensorte, den sozioökonomischen und kulturellen Lebensbedingungen ihrer Familien sein. Um dies zu erreichen, haben sich Bund und Länder 2002 verpflichtet, sich über Wege und Ziele frühkindlicher Bildung in Kindertageseinrichtungen zu verständigen und für Deutschland allgemeinverbindliche Ziele aufzustellen (vgl. Schuster 2006, 146). Die Bundesländer haben daraufhin die Erarbeitung von Bildungsprogrammen in Auftrag gegeben (siehe Kap. 2.6).

Die nationale und internationale Forschung kann immer deutlicher belegen, dass frühkindliche Bildung, Erziehung und Betreuung die Bildungschancen des einzelnen Kindes verbessert und die Grundlage erfolgreicher Bildungsbiografien ist. In diesem Kontext geraten auch die pädagogische Arbeit und die Rahmenbedingungen in Kindertagesstätten in den Blick: So kann z. B. die Qualität des besuchten Kindergartens einen Unterschied im kindlichen Entwicklungsstand von einem Jahr verursachen (vgl. Tietze, Rossbach & Grenner 2005).

Bildungschancen verbessern

Anforderungen an die frühkindlichen Bildungsinstitutionen ergeben sich aus der zunehmenden kulturellen Verschiedenheit, der sozialen Komplexität und dem immer rasanteren gesellschaftlichen Wandel, der häufig mit tiefgreifenden Veränderungen der Familienstrukturen verbunden ist. Die Notwendigkeit, sich auf diese neuen Anforderungen einzustellen und die pädagogischen Konzepte den komplexen Erfordernissen anzupassen, trug dazu bei, dass auch das Verständnis von Bildung neu reflektiert wurde. Stand bisher eher die Auffassung im Vordergrund, Bildung sei ein individuumszentrierter Prozess, der durch die Eigenaktivität des Kindes ausgelöst und gesteuert werde und einer lernanregenden, die kindliche Entwicklung stimulierenden Umgebung bedürfe, so werden zunehmend die kontextuellen Rahmenbedingungen der Bildungsprozesse diskutiert (Gisbert 2004, 9 f.).

Bildung als Selbstbildung

Die Vorstellung, Bildung sei in erster Linie Selbstbildung, die vom Kinde ausgehe und sich dem direkten Einfluss von Pädagogen und familiären Bezugspersonen entziehe, wurde abgelöst durch die Definition von Bildung als sozialer Ko-Konstruktion, d. h. als einem Prozess, der im sozialen und kulturellen Kontext stattfindet und an dem Kinder, Eltern sowie pädagogische Fachkräfte aktiv beteiligt sind (vgl. Fthenakis 2002, Gisbert 2004).

Bildung als soziale Ko-Konstruktion

Bildung gestaltetet sich als ein sozialer Prozess, an dem die Kinder ebenso wie die Erwachsenen beteiligt sind. Es muss nach wie vor darum gehen, das Selbstbildungspotenzial der Kinder zu unterstützen, wichtig ist aber auch die anregende Begleitung durch den Erwachsenen, der dazu beiträgt, dass Kinder ihr Interesse an der Welt aufrechterhalten, dass ihre Neugier sich entfalten kann und dass sie vielfältige Gelegenheiten haben, ihr Wissen über die Welt selbstständig zu konstruieren.

Bildung in diesem Sinne ist geprägt durch Wilhelm von Humboldt, einen Klassiker der Pädagogik, der Bildung als „Aneignung der Welt" verstand.

Sich bilden heißt, sich ein Bild von der Welt machen. Das bedeutet jedoch auch immer, sich ein Bild zu machen von sich selbst und von den anderen in dieser Welt (Merkel 2005).

2.3 Eigenaktivität und Selbsttätigkeit

Verfolgt man die aktuelle Diskussion um die frühkindliche Bildung, dann fällt auf, dass bei der Frage nach den Kompetenzen, die Kinder in den ersten Lebensjahren erwerben sollen, vor allem sprachliche, kognitive oder lernmethodische Kompetenzen im Vordergrund stehen. So wird in der Dokumentation des Modellversuchs „Zum Bildungsauftrag von Kindertageseinrichtungen“ der Bereich Bewegung überhaupt nicht erwähnt (Laewen & Andres 2002). Eine Erhebung der Förderbarkeit und Bedeutung kindlicher Kompetenzen beschränkt sich auf sprachliche, mathematische, kognitive Fähigkeiten und bezieht dann ergänzend die Aspekte Sozialverhalten, Interessen und Lernbereitschaft von Kindern ein (vgl. Rossbach & Weinert 2008).

Selbstbildungspotenzial unterstützen

Obwohl immer wieder betont wird, dass Bildung abhängig sei von der Eigenaktivität des Kindes und von Gelegenheiten, die es zum Selberentdecken motivieren, wird dabei die entscheidende Rolle der Bewegung beim Gewinn von Erfahrungen und Erkenntnissen nur vereinzelt angesprochen.

Die Auffassung von Bildung als aktiver Aneignung der Welt hat Konsequenzen für die konkrete Gestaltung von Bildungsprozessen. Es kann nicht darum gehen, Kindern bestimmte Sachverhalte „beizubringen“, Kinder müssen vielmehr an Lernprozessen selbst beteiligt werden, indem sie möglichst viel selbstständig handeln, entdecken, experimentieren, sich mit allen Sinnen beteiligen können.

Gerd E. Schäfer (2003, 33) betont in seinen Thesen zur frühkindlichen Bildung insbesondere die Bedeutung sinnlicher Erfahrungen: „Frühkindliche Bildung ist zunächst ästhetische Bildung. Frühkindliche Bildung ist auf die eigenen Wahrnehmungen des Kindes angewiesen.“

2.4 Sinnliche Erfahrungen als Ausgangspunkt für Bildungsprozesse

Differenzierung der Wahrnehmung

Frühkindliche Bildung geht aus von der sinnlichen Erfahrung. Kinder lernen, ihre Wahrnehmungsfähigkeit auszudifferenzieren. Diese ist Ausgangspunkt für forschendes Lernen. Aus den Erfahrungen formen Kinder Erwartungen, Theorien, Hypothesen. Sie machen sich Vorstellungen über mögliche Zusammenhänge und überprüfen diese, indem sie die Dinge genauer untersuchen (vgl. Schäfer 2003, Zimmer 2008c).

Das Kind ergreift eine Rassel, bewegt sie hin und her, um ihr Geräusche zu entlocken, es ertastet sie und steckt sie in den Mund, um ihre Oberfläche näher zu erkunden, es klopft, hämmert und schüttelt sie, lässt sie fallen und entdeckt das Gesetz: Alle Rasseln fallen auf den Boden. Sinnliche Erfahrungen sind eng mit dem Körper und der Bewegung verbunden. Bewegungsaktivitäten ermöglichen dem Kind also, mit seiner dinglichen und räumlichen Umwelt zu experimentieren und so Erfahrungen über sie zu sammeln. Im Umgang mit Materialien und Spielobjekten gewinnt es Erkenntnisse, die das Verstehen ihrer Eigenschaften und Gesetzmäßigkeiten zur Folge haben; Körper- und Bewegungserfahrungen sind somit immer auch verbunden mit der *Erfahrung der Dinge und Gegenstände,* mit denen und an denen Kinder sich bewegen. Indem sie sie im Spiel handhaben, mit ihnen umgehen und sie erproben, lernen sie ihre spezifischen Eigenschaften kennen.

Nach Piaget (1975) entwickelt sich die Intelligenz in der handelnden Auseinandersetzung des Kindes mit den Objekten seiner Umwelt. Denken vollzieht sich zunächst in der Form aktiven Handelns. Über die praktische Bewältigung von Situationen gelangt das Kind zu deren theoretischer Beherrschung. In der Folge von Piagets Theorien kann Denken als verinnerlichtes Handeln aufgefasst werden (Zimmer 1996, 17 ff.).

Bewegungserfahrungen – Schlüssel zur Welt

Bewegung bedeutet für Kinder einen wesentlichen Zugang zur Welt. Mit dem Erwerb vielseitiger Erfahrungen durch das Medium Bewegung wird eine Erweiterung kindlicher Handlungsfähigkeit erreicht. Das Kind setzt die Bewegungsaktivität ein, um zu einem Wissen über seine Umwelt zu gelangen, einem Wissen, das auf der eigenen, selbstständig gewonnenen Erfahrung basiert und nicht aus zweiter Hand erworben wird.

Auch für den Erwerb personaler Kompetenzen spielen Bewegungserfahrungen eine wichtige Rolle: Kinder erleben durch ihre körperlichen Aktivitäten, dass sie selbst imstande sind, etwas zu leisten, ein Werk zu vollbringen. Sie erleben in Bewegungshandlungen, dass sie Verursacher bestimmter Effekte sind, dass sie eine

Personale Kompetenzen

Wirkung hervorrufen und diese auf sich selbst zurückführen können. Dies ist die Grundlage für den Aufbau eines positiven Selbstkonzeptes (vgl. Zimmer 2008a, 2008b).

Das Kind setzt sich über Bewegung einerseits mit seiner materialen und sozialen Umwelt auseinander und gewinnt Erkenntnisse über deren Regeln und Gesetzmäßigkeiten; über seinen Körper macht es andererseits aber auch wichtige Erfahrungen über seine eigene Person, die die *Grundlage der Persönlichkeitsentwicklung* darstellen.

2.5 Bewegung – der Motor des Spracherwerbs

Soziale Interaktionen

Bewegung ist vom ersten Lebenstag an Motor der kindlichen Entwicklung, dies trifft auch auf den Erwerb der Sprache zu. Frühkindliche Entwicklung ist ein Prozess, der geprägt ist durch die aktive sinnliche Aneignung der Welt, die eingebettet ist in soziale Interaktionen des Kindes mit seiner Umwelt. Grundlage sozialer Interaktionen ist die Fähigkeit des Kindes, Beziehungen zu anderen aufzunehmen, sich mit ihnen zu verständigen. Dies geschieht vom ersten Lebenstag an über verbale, aber auch über non-verbale Ausdrucksmittel, durch Gestik und Mimik, durch die Körpersprachen.

Kulturelle Prägung

Bruner (2002) weist in seinen bahnbrechenden Arbeiten zum kindlichen Spracherwerb darauf hin, dass Kinder mit dem Sprechen die Kultur, in der sie leben werden, erlernen. Erwachsene geben die Kultur an die Kinder weiter, auch beim Spracherwerb kommt ihr auf jeder Stufe eine wesentliche Bedeutung zu. Damit vergleichbar sind auch Wahrnehmungsprozesse und Bewegungshandlungen von Kindern kulturell und sozial geprägt. Mimik und Gestik – die Mittel der Körpersprache – sind kulturspezifisch determinierte persönliche Ausdrucksmittel, die im sozialen Kontext erworben werden.

Im Einleitungskapitel wurde bereits verdeutlicht, wie Sprache auf dem Handeln aufbaut, wie Sprache Handeln begleitet und wie durch das Handeln gewonnene Erfahrungen in Verbindung mit der Sprache zu Begriffen werden. Was es heißt, einen Hügel *hinauf-* oder *herunter*zulaufen, erfährt das Kind zunächst nur über seine Bewegung oder über die Beobachtung der Bewegung eines anderen.

Mit Hilfe der Sprache wird der Handlungsspielraum eines Kindes entschieden erweitert. War es ihm bisher nur möglich, körperlich handelnd auf die Umwelt einzuwirken, so kann es dies jetzt auch mit der Sprache tun: Soziale Kontakte können über Sprache angebahnt werden, Spielsituationen werden mit Hilfe des sprachlichen Austauschs geplant und geregelt.

Sprache erweitert den Handlungsspielraum

Im Umgang mit anderen Menschen, aber auch mit Objekten und Dingen entdecken Kinder die nützliche Funktion der Sprache – mit ihr kann man auf Nicht-Gegenwärtiges hinweisen, Vergangenes hervorholen und sogar in die Zukunft schauen. „Gestern haben wir mit dem Ball gespielt – morgen fahren wir Fahrrad" ist unabhängig von der momentanen Handlung und ermöglicht zunehmend abstraktes Denken.

Wie Bewegungsaktivitäten die sprachlichen Handlungen der Kinder herausfordern, begleiten und unterstützen können und wie andererseits sprachliche Äußerungen des Kindes Anlass für Bewegungshandlungen werden können, ist Gegenstand des 7. Kapitels.

Betrachtet man den Prozess der Entwicklung in den ersten Lebensjahren, dann wird deutlich: Sprache und Bewegung haben eine expressive, aber auch eine instrumentelle Funktion – sie sind Medium der Mitteilung und des Ausdrucks und ebenso Werkzeug des Handelns. Sie stellen zwei wesentliche Dimensionen der kindlichen Persönlichkeitsbildung dar, die zwar in ihrer Entwicklung getrennt voneinander betrachtet werden können, die sich gleichzeitig aber in Abhängigkeit voneinander entfalten und sich gegenseitig beeinflussen.

2.6 Sprache und Bewegung als elementare Bildungsbereiche in den Bildungsvereinbarungen der Bundesländer

2004 wurde von der Jugendministerkonferenz ein gemeinsamer Rahmen der Länder für die frühe Bildung in Kindereinrichtungen beschlossen (JMK 2004). Mit der Herausgabe von Bildungs- bzw. Erziehungs- oder Orientierungsplänen für den Elementarbereich sollte der grundlegende Bildungsauftrag des Kindergartens hervorgehoben und klare Aussagen dazu gemacht werden, wie dieser Auftrag wahrgenommen und umgesetzt werden soll.

Nach Beschluss der deutschen Jugendministerkonferenz sollen vorschulische Bildungspläne folgende Bildungsbereiche umfassen:

- Sprache, Schrift und Kommunikation
- Personale und soziale Entwicklung
- Mathematik, Naturwissenschaft, (Informations-) Technik
- Musische Bildung – Umgang mit Medien
- Körper, Bewegung, Gesundheit
- Natur und kulturelle Umwelten

Die Bildungsbereiche sind an Erfahrungswelten der Kinder orientiert und weniger an Fachdisziplinen.

Das „Bild vom Kind" in den Bildungsplänen

Den meisten Bildungsplänen liegt ein Bildungsverständnis zugrunde, nach dem Kinder sich aktiv die Welt aneignen und dabei in Interaktion und Kommunikation mit der sie umgebenden sozialen Umwelt stehen. Bildung wird als ein sozialer Prozess betrachtet, an dem Kinder und Erwachsene gleichermaßen beteiligt sind.

Diese Sichtweise prägt z. B. auch den „Orientierungsplan für Bildung und Erziehung in Tageseinrichtungen für Kinder in Baden-Württemberg", der von einem mehrperspektivischen Verständnis von Bildung ausgeht. Bildung und Erziehung werden als ein dynamisch gekoppelter und mit der Umwelt verbundener Prozess angesehen (vgl. Ministerium für Kultus, Jugend und Sport Baden-Württemberg 2007, 26). Aus dieser Perspektive heraus orientiert sich die Strukturierung der Bildungs- und Entwicklungsfelder im

Vergleich zu anderen Bildungsplänen nicht an Lernfeldern, sondern an elementaren Ausdrucksformen und Fragen der Kinder: Körper, Sinne, Sprache, Denken, Gefühl und Mitgefühl, Sinn und Werte. Ebenso wird bei der Beantwortung der Frage nach möglichen Bildungsinhalten bewusst aus der Perspektive des Kindes gefragt: Was braucht das Kind? Wie erfährt das Kind die Welt? Wie wird es Mitglied der Gemeinschaft? Das Kind wird als Akteur seines lebenslangen Bildungsweges angesehen und steht damit im Zentrum der Aktivitäten. Die Interaktionen des Kindes vollziehen sich dabei mit den Erziehungspersonen und anderen Menschen.

Elementare Ausdrucksformen der Kinder

Der „Bayerische Bildungs- und Erziehungsplan" geht in seiner Systematik anders vor: Zunächst werden Basiskompetenzen (z. B. personale Kompetenzen, Kompetenzen zum Handeln im sozialen Kontext) definiert, deren Erwerb und Stärkung als oberste Zielsetzung der Erziehungs- und Bildungsarbeit im Elementarbereich angesehen werden.

Basiskompetenzen der Kinder

Erst dann werden Bildungs- und Erziehungsbereiche genannt, die in einem besonders engen Zusammenhang zueinander stehen. Sie gelten zugleich als Begründung für pädagogisches Handeln und für die thematische Auswahl von Lernfeldern in Kindertageseinrichtungen:

- Wertorientiert und verantwortungsvoll handelnde Kinder
- Sprach- und medienkompetente Kinder
- Fragende und forschende Kinder
- Künstlerisch aktive Kinder
- Starke Kinder

Zu dem Bereich „Starke Kinder" gehören „Bewegung, Rhythmik, Tanz und Sport" und „Gesundheit" (Bayerisches Staatsministerium für Arbeit und Sozialordnung, Familie und Frauen; Staatsinstitut für Frühpädagogik 2007).

Obwohl in allen Bildungsplänen sowohl der Sprache als auch der Bewegung ein hoher Stellenwert beigemessen wird, gibt es nur selten Hinweise auf Zusammenhänge und schon gar keine praktischen Anregungen, wie die beiden Bereiche in der Praxis aufeinander bezogen werden können.

In der Präambel des „Berliner Bildungsprogramms" wird zwar ausdrücklich auf die Bedeutung der Bewegung bei der Sprachförderung hingewiesen: „Die Sprachförderung hat im Bildungsprogramm eine besondere Bedeutung. Ihr ist nicht nur ein eigener Bildungsbereich gewidmet, sie wird gleichzeitig als ein durchgängiges Förderprinzip für die Arbeit in den anderen Bildungsbereichen beschrieben: Eine ausreichende Entwicklung der Sinne und der Bewegungsfähigkeit und eine gute Kommunikationskultur sind wesentliche Voraussetzung für eine gelungene Sprachentwicklung; und schließlich kann Sprache nur dort gefördert werden, wo vielfältige und anregende Erfahrungen gemacht werden, über die es sich zu reden lohnt" (Senatsverwaltung für Bildung, Jugend und Sport 2004, 7). In der Beschreibung der jeweiligen Bildungsbereiche wird die unmittelbare Aufeinanderbezogenheit jedoch nicht mehr erkennbar.

Sprachförderung als durchgängiges Förderprinzip

In den „Bildungsvereinbarungen des Landes Nordrhein-Westfalen" wird im Zusammenhang mit der Darstellung der Bildungsziele betont, dass der Begriff „Bildung" nicht nur die Aneignung von Wissen und Fertigkeiten umfasst, sondern dass es vielmehr darum gehe, „Kinder in allen ihnen möglichen, insbesondere in den sensorischen, motorischen, emotionalen, ästhetischen, kognitiven, sprachlichen und mathematischen Entwicklungsbereichen zu begleiten, zu fördern und herauszufordern. Die Entwicklung von Selbstbewusstsein, Eigenständigkeit und Identität ist Grundlage jedes Bildungsprozesses" (Ministerium für Schule, Jugend und Kultur des Landes Nordrhein-Westfalen 2003, 6).

Vernetzung der Bildungsbereiche

Die Handreichungen zur Entwicklung von Bildungskonzepten zeigen dann – wenn auch sehr kurz und nur exemplarisch – Querverbindungen auf: Das differenzierte handelnde Begreifen wird als unerlässliche Grundlage für sprachliches Begreifen gesehen.

Der „Bayerische Bildungs- und Erziehungsplan" betont im Rahmen des themenbezogenen Bildungs- und Erziehungsbereiches „Sprache und Literacy", dass Spracherwerb als komplexer, konstruktiver Prozess betrachtet werden müsse, der gebunden sei an

Spracherwerb als komplexer Prozess

- Dialog, persönliche Beziehung
- Interesse
- Handlungen, die für Kinder Sinn ergeben

Dies gelte es in der Sprachförderung zu berücksichtigen und zu nutzen (Bayerisches Staatsministerium für Arbeit und Sozialordnung, Familie und Frauen; Staatsinstitut für Frühpädagogik 2007).

Zwar werden auch die nonverbalen Anteile beim Erwerb der Sprachkompetenz ausdrücklich erwähnt (Bedeutung von Gestik und Mimik, Entwicklung ausdruckvoller und differenzierter Körpersprache), bei den Querverbindungen des Bildungsbereiches wird Bewegung jedoch nicht aufgeführt.

Insgesamt macht eine nähere Analyse der Bildungspläne der einzelnen Bundesländer deutlich, dass nur in Ausnahmesituationen und vereinzelt auf den engen Bezug der Bildungsbereiche Sprache und Bewegung hingewiesen wird.

Auch wenn dies in den Bildungsplänen nicht oder nur unzureichend zum Ausdruck kommt: Sprache und Bewegung sind als Ganzheit zu verstehen, die in der alltäglichen Erziehungs- und Bildungssituation nicht getrennt voneinander betrachtet werden können.

Tipps zum Weiterlesen:

Sigrid Ebert (Hrsg.) (2008): Die Bildungsbereiche im Kindergarten. Freiburg: Herder

Wassilios E. Fthenakis (2003): Elementarpädagogik nach Pisa. Wie aus Kindertagesstätten Bildungseinrichtungen werden können. Freiburg: Herder

Karin Jampert u. a. (2006): Sprachliche Förderung in der Kita. Berlin: Verlag Das Netz

Hans-Joachim Laewen & Beate Andres (Hrsg.) (2002): Bildung und Erziehung in der frühen Kindheit. Weinheim, Basel: Beltz

Gerd E. Schäfer (2003): Bildung beginnt mit der Geburt. Weinheim, Basel: Beltz

Renate Zimmer (2008): Handbuch der Bewegungserziehung. Freiburg: Herder

3. Bereiche der Sprachentwicklung

Der Erwerb der Sprache ist eine zentrale Entwicklungsaufgabe, bei der viele Teilfertigkeiten auf unterschiedlichen Sprachebenen erlernt werden müssen. Sprache umfasst sowohl das Sprachverständnis als auch die Sprachproduktion und die Fähigkeit, mit anderen zu kommunizieren. Die Sprachwissenschaft (Linguistik) unterscheidet zwischen verschiedenen Bereichen der Sprache (vgl. Kany & Schöler 2007, Szagun 2006):

- die rhythmische Gliederung von Spracheinheiten (Prosodie)
- die Artikulation und Lautbildung (Phonetik und Phonologie)
- die Bedeutung (Semantik)
- den Wortschatz (Lexikon)
- die Wortbildung (Morphologie)
- die Satzbildung (Syntax)
- das sprachliche Handeln (Pragmatik)
- das Wissen über die Sprache (metasprachliches Wissen)

Weinert & Grimm (2008, 503) fassen die verschiedenen Bereiche zu Kompetenzen zusammen und weisen darauf hin, dass jedes Kind

- prosodische Kompetenzen (Betonung, Sprachrhythmus),
- linguistische Kompetenzen (Organisation von Sprachlauten, Erkennen der Wortbedeutung etc.) und
- pragmatische Kompetenzen (kommunikativer Gebrauch der Sprache)

erwerben müsse.

Prosodie – der Einstieg in den Spracherwerb

Der Einstieg in den Spracherwerb erfolgt über die Fähigkeit zur Prosodie: Säuglinge reagieren bereits sensibel auf die prosodischen Merkmale der Sprache, sie erkennen die Stimme der Mutter aufgrund des Klanges und der Sprachmelodie. Es folgen die Unterscheidung von Lauten und Wörtern und das Erkennen ihrer Bedeutung, die Bildung von Sätzen und schließlich die Fähigkeit, Sprache situationsangemessen verwenden zu können. Dabei gehen die elementaren Ebenen wie die Prosodie nicht verloren, vielmehr bilden sie die Grundlage für die weitere Entwicklung. Außerdem kann die rhythmische Struktur der Sprache (Betonung, Tonlage) auch noch bei Erwachsenen (z. B. beim Halten einer Rede) weiter ausgebaut werden. Bruner (2002, 14) betont, dass die zu meisternden Aspekte der Sprache – ihre Syntax, Semantik und Pragmatik – nicht unabhängig voneinander sind und entsprechend auch nicht isoliert erlernt werden können. Im Prozess des Spracherwerbs hängen sie untrennbar zusammen, in der Reihenfolge ihres Auftretens können jedoch unterschiedliche Etappen analysiert werden.
Im Folgenden werden die Bereiche der Sprachentwicklung näher erläutert und erste Fördermöglichkeiten in Verbindung mit Bewegung aufgezeigt. Konkrete Praxisbeispiele zur Sprachförderung in Bewegung sind in Kapitel 9 ausgeführt.

3.1 Prosodie / Prosodische Kompetenzen

Wir sprechen in einem bestimmten Rhythmus und mit einer besonderen Sprachmelodie, in einer bestimmten (der Situation angepassten) Lautstärke, machen Pausen, betonen Wörter und geben damit unserer Aussage einen Sinn. An den Tonhöhen und ihrem Verlauf kann man z. B. erkennen, ob es sich bei einer Äußerung um eine Aussage, eine Frage, um einen Befehl oder um eine Bitte handelt.

Rhythmus, Betonung, Sprachmelodie

Die Prosodie betrifft also die melodische Gliederung unserer Aussagen, die Tonhöhe, die Betonung, den Rhythmus, den Klang, die Lautstärke.

Zunächst muss das Kind die prosodischen Merkmale der Sprache wahrnehmen, um sie dann später selbst als Mittel der Kommunikation einsetzen zu können.

Der Säugling reagiert eher auf den Klang der Stimme seiner Bezugspersonen als auf ihren Inhalt. Er nimmt genau wahr, ob die Stimme ärgerlich oder beruhigend klingt. Bereits mit sechs Wochen gibt er – wenn es ihm gut geht – Gurrlaute von sich, er beginnt mit seiner Stimme zu spielen und seine Laute mit unterschiedlichen Intonationsmustern zu versehen. Geht es ihm schlecht, äußert er dies durch Schreien – die Mutter erkennt bereits an diesen ersten lautlichen Äußerungen die Befindlichkeit des Säuglings.

Intonationsmuster der Laute

Kany & Schöler (2007, 34) weisen darauf hin, dass man prosodische Merkmale auch in der Lallphase beobachten kann: Die im ersten halben Jahr auftretenden Lautspiele zeigen Variationen in der Stimmhöhe und der Lautstärke, d. h. beim Experimentieren mit Lauten erprobt der Säugling bereits prosodische Muster.

Die Fähigkeit zur Rhythmisierung der Sprache, zur Betonung von Wörtern, zur Variation der Satzmelodie spielt auch weiterhin beim Spracherwerb eine wichtige Rolle. Sie gibt nicht nur über die Befindlichkeit des Sprechers Auskunft, sondern entscheidet auch über den Sinn eines Satzes.

Eine Aussage kann ganz unterschiedlich ausgelegt werden – je nachdem, welches Wort betont wird:

Wirf mir den Ball zu (und rolle ihn nicht).

Wirf *mir* den Ball zu (nicht einem anderen Kind).
Wirf mir *den* Ball zu (und nicht einen anderen).
Wirf mir den *Ball* zu (nicht den Reifen).

Auch innerhalb eines Wortes kann die Bedeutung wechseln, wenn der Akzent auf eine bestimmte Silbe gelegt wird. So können wir eine Verkehrsampel um*fahren* oder wir können sie *um*fahren.

Die Betonung entscheidet über den Sinn der Aussage

Das Verständnis für die Prosodie der Sprache und der aktive Einsatz dieses Merkmals bleibt auch über die ersten Lebensjahre hinaus eine Aufgabe, die im allgemeinen Sprachgebrauch täglich eingesetzt (und auch noch weiterentwickelt) wird.

Ein Redner nutzt z. B. in seinem Vortrag die Mittel der Intonation, um durch Betonung auf wichtige Aussagen hinzuweisen, er macht Pausen, um die Spannung der Zuhörer auf den nächsten Satz zu lenken, ein Anheben der Stimme bei einer Frage regt die Zuhörer zum Mitdenken an, und zum Abschluss seiner Rede kommt meist eine akzentuierte Forderung, ein durch Absenken der Stimme gewichteter Appell.

Eintönig sprechende Redner langweilen ihre Zuhörer – selbst wenn sie vielleicht etwas Wichtiges zu sagen haben.

Der Ton macht die Musik

Und auch im alltäglichen Miteinander machen Erwachsene Gebrauch von der Prosodie, wenn sie sich z. B. beschweren, dass „nicht *was* du gesagt hast beleidigend ist, sondern *wie* du es gesagt hast“. Der Ton macht die Musik!

Um mit der Sprache erfolgreich kommunizieren zu können, greifen wir also auch noch als Erwachsene auf die Mittel der Prosodie zurück. Dabei ist die hier erforderliche Kompetenz eine doppelte: Wir müssen die prosodischen Merkmale der Sprache wahrnehmen und verstehen, um eine Aussage richtig einordnen zu können, gleichzeitig müssen wir aber auch die Mittel der prosodischen Merkmale bewusst einsetzen können.

Förderung der prosodischen Kompetenzen durch Bewegung

Prosodische Kompetenzen können im Kindergarten z. B. durch Rollenspiele oder auch in ritualisierten Frage-Antwort-Spielen ge-

übt werden. So werden viele traditionelle Fangspiele der Kinder beispielsweise mit Frage- und Antwortsätzen eingeleitet:
Die Gruppe ruft: „Fischer, Fischer, wie tief ist das Wasser?“
Der Fänger (der „Fischer“) antwortet: „Einhundert Meter tief!“
Gruppe: „Wie kommen wir hinüber?“
Fischer: „Auf einem Bein hüpfen!“

Auf eine Frage erfolgt eine Antwort, die Frage steigt in der Tonhöhe eindeutig an, bei der Antwort fällt sie ab. Die Fähigkeit zum bewussten Umgang mit den prosodischen Merkmalen der Sprache wird hier geübt, die Kinder wissen genau, wer die Fragen stellt und wer die Antworten gibt. Spannung wird dabei aufgebaut, denn nach der letzten Antwort des Fischers wird dieser die Fische beim Durchqueren des Raumes zu fangen versuchen. Das Spiel lebt von dieser Spannung – das Ritual wird noch mehrere Male wiederholt.

Prosodische Merkmale der Sprache in Verbindung mit Bewegung

Sprache	Bewegung
Rhythmisierung der Sprache	Rhythmisierung der Bewegung
Sprachliche Begleitung	Bewegungsbegleitung (und jetzt, und hopp)
Ansteigende Tonhöhe bei Fragen Absteigende Tonhöhe bei Antworten	Fangspiele mit Frage-Antwort-Ritualen („Fischer, Fischer wie tief ist das Wasser?“)
Wortbetonungen, Akzente	Akzente in Bewegung setzen (Ausholen beim Werfen)
Satzmelodie	Bewegungslieder
Dynamik der Sprache (leise – kräftig)	Dynamik der Bewegung (schleichen – stampfen)
Modulation des stimmlichen Ausdrucks	Modulation des Bewegungsausdrucks
Laut – leise sprechen	Schnelle – langsame Bewegungen
Stimmeinsatz: hoch – tief	Körpereinsatz: hohe – tiefe Bewegungen
Rhythmische Verse	Bewegungen zu rhythmischen Versen ausführen

Die Übersicht links zeigt, wie prosodische Merkmale der Sprache in Bewegungssituationen zum Ausdruck kommen und bei entsprechender Akzentsetzung des Spiels auch unterstützt und gefördert werden können (konkrete praktische Beispiele zur Förderung der Prosodie siehe Kap. 9.1).

3.2 Linguistische Kompetenzen

Die linguistischen Kompetenzen umfassen die Bildung der Sprachlaute (Artikulationsfähigkeit), die Wahrnehmung und Produktion der Sprachlaute, das Erkennen der Bedeutung von Wörtern und die Fähigkeit, selbst Wörter zu bilden, die Satzstellung und weitere grammatikalische Fähigkeiten.

3.2.1 Phonetik und Phonologie

Wörter werden aus Lauten gebildet. Manchmal kann ein einziger Laut die Bedeutung eines Wortes verändern. Deswegen spielt sowohl die Artikulation – wie Laute gebildet werden – als auch die Wahrnehmung und Unterscheidung der Laute eine wichtige Rolle.

Lautbildung

Die **Phonetik** befasst sich mit den akustischen Merkmalen von Lauten (Frequenz, Intensität) und beschreibt, wie sie beim Sprechen erzeugt werden.

Die **Phonologie** befasst sich mit den Lauten (Phonemen) der Sprache. Phoneme sind die kleinsten bedeutungsunterscheidenden Einheiten der gesprochenen Sprache, sie haben die Funktion, zwischen den Wörtern zu differenzieren. So entscheidet bereits ein einzelner Laut über die Bedeutung eines Wortes. Ob es z. B. „füllen“ oder „fühlen“ heißt, hängt davon ab, ob ‚ü‘ lang oder kurz ausgesprochen wird (Szagun 2007, 35).

Phoneme

Phonetik – Artikulation und Lautbildung

Hinsichtlich der Lautbildung kann man unterscheiden zwischen der präverbalen und der verbalen Artikulationsentwicklung.

Präverbale Artikulationsentwicklung: Mit der vorsprachlichen Lautbildung, insbesondere der sogenannten Vokalisation, haben sich

H. Papoušek und M. Papoušek (1992) auseinandergesetzt und ihre Bedeutung für die menschliche Kommunikation untersucht. Unmittelbar nach der Geburt können Kinder schreien. „Das Schreien ist ein angeborenes Signal, in dem das Neugeborene überraschende stimmliche Kompetenzen hören lässt, die es aber in den ruhigen Vokalisationen von Grund auf neu erwerben und einüben muss" (Papoušek 2002, 79). In den Wochen und Monaten nach der Geburt lernt der Säugling, seine Stimmgebung zu gestalten, indem sich die Eltern und andere Bezugspersonen z. B. durch Lautimitationen aktiv an den Lautspielen beteiligen (vgl. auch Kap. 4.1.2). Szagun (2007, 26) bezeichnet dies als „lautsprachliche Dialoge": Das Baby vokalisiert abwechselnd mit dem Erwachsenen; dieses Verhalten ist bereits dem späteren sprachlichen Dialog ähnlich, in dem zwei Gesprächspartner abwechselnd Inhalte austauschen.

Vorsprachliche Lautbildung

Lautsprachliche Dialoge

Kany & Schöler (2007, 37) beschreiben die Entwicklung der vorsprachlichen Lautbildung folgendermaßen: In den ersten Monaten ist die Sprachentwicklung gekennzeichnet von vokalähnlichen Lauten, dann kommen konsonantenähnliche Gurrlaute hinzu. Weitere Lautbildungen entstehen durch Experimente mit der eigenen Stimme: Quietschen, Brummen, Flüstern. Ab dem fünften bis zehnten Monat beginnt das Kind, Silben beständig zu wiederholen. Diese Lautmuster werden oft als Plappern, Brabbeln, Lallen bezeichnet – das Baby führt „Lallmonologe" (vgl. auch Kap. 4.1.2).

Verbale Artikulationsentwicklung: Nach der vorsprachlichen Artikulationsentwicklung beginnt die Phase, in der Sprachlaute gebildet werden. Kinder müssen lernen, die ca. 40 bis 70 Laute ihrer Muttersprache zu unterscheiden und sie zu bilden. Ein Sprachlaut ist eine Einheit, die man phonetisch unterscheiden kann. Bei der Bildung des ‚b' sind z. B. die Lippen zusammengepresst, werden aber geöffnet, um den Luftstrom „explosiv" aus dem Mund zu entlassen. Anders beim ‚m', wo die Lippen ebenfalls geschlossen sind, jedoch geschlossen bleiben, während der Luftstrom (bei schwingenden Stimmbändern) durch die Nase entweicht. Kinder müssen aber nicht nur lernen, wie man die Laute bildet, sondern sie müssen auch lernen, wie sie im Sprachsystem funktionieren.

Sprachlaute

Vermutlich ist diese Perspektive auf die gesprochene Sprache den Sprechern viel bewusster: Wir alle bemerken, dass ein Laut – in der selben Lautumgebung – bedeutungsunterscheidend wirken kann. Diese Lauteinheiten nennt man Phoneme. Sie sollen im folgenden Abschnitt genauer erläutert werden.

Phonologie – Lautunterscheidung

Die wichtigste Funktion der Phoneme ist die der Bedeutungsunterscheidung. Am deutlichsten wird dies bei Wörtern, die sich nur in einem Laut unterscheiden (Tasse – Kasse, Teller – Keller, leben – lieben) und doch eine ganz unterschiedliche Bedeutung haben. Aber es besteht auch ein Unterschied zwischen einem langen und einem kurz ausgesprochenen Vokal. Spricht man das lange ‚a' im Wort Schlaf kurz aus, wird ein neues Wort daraus: schlaff.

Vom Sprachlaut zum Wort

Die Entwicklungsaufgabe besteht nun darin, dass das Kind lernt, die Laute in ihrer sprachfunktionellen Bedeutung wahrzunehmen und verwenden zu können. Dies ist für die Kommunikation entscheidend, denn ob man seinen Gesprächspartner nach einer Lampe oder einer Rampe fragt, macht einen großen Unterschied. Ein ‚t' muss von einem ‚k' unterschieden werden, um den Bedeutungsunterschied zwischen Tasse und Kasse oder Teller und Keller zu verstehen (oder auszudrücken), und auch zwischen Schiff und schief, Hölle und Höhle muss man unterscheiden lernen.

Vereinfachungen durch Weglassen oder Ersetzen von Lauten

Bis zum dritten Lebensjahr nehmen Kinder häufig Vereinfachungen in der Sprache vor, indem sie Laute, die sie noch nicht beherrschen, weglassen oder ersetzen (nane statt Banane, toffe statt Koffer). Danach gelingt die Lautproduktion jedoch immer besser. Am Ende der Kindergartenzeit beherrschen die meisten Kinder die Aussprache aller Sprachlaute und können sie systematisch beim Verstehen und bei der Produktion von Äußerungen in ihrer bedeutungsunterscheidenden Funktion nutzen (Kany & Schöler 2007, 42).

Förderung der phonologischen Kompetenzen durch Bewegung

Die Fähigkeit, die hörbaren Elemente der Sprache zu erkennen und zu unterscheiden, kann in Spielsituationen geübt werden. Die

Laute müssen auditiv erkannt und sprachlich gebildet werden. Es geht also um das genaue Hören (vor allem von An- oder Endlauten: Haus – Maus, Hand – Wand, Mus – Mut), aber auch um das deutliche und genaue Sprechen, die Artikulation.

Laute auditiv erkennen und unterscheiden

Voraussetzung für diese Fähigkeit ist eine differenzierte auditive Wahrnehmung. Spiele und Übungen, bei denen Töne, Geräusche oder sprachliche Äußerungen wahrgenommen, erkannt und unterschieden werden, tragen dazu bei, dass Kinder ihr Gehör verfeinern (dies ist auch Basis für den Schreib- und Leselernprozess).

Dazu gehören Spiele zum genauen Hinhören, zur Unterscheidung von ähnlich klingenden Lauten, zur Differenzierung von laut und leise, von hoch und tief (Zimmer 2008, 92 ff.). Auch das Spiel mit Sprache und Lauten in Reimen, Versen und Liedern kann dazu beitragen, dass die Kinder Sensibilität für die Lautstruktur der Sprache entwickeln.

Phonetische und phonologische Merkmale der Sprache in Verbindung mit Bewegung

Sprache	Bewegung
Artikulation	Spiele zur Übung der Mundmotorik
Atmung	Chiffontücher pusten, Luftballons aufblasen
Mit der Stimme experimentieren, Geräusche erzeugen	Bewegungen zu Geräuschen ausführen (z. B. Autofahrgeräusche etc.)
Laute produzieren, mit Lauten experimentieren	Tierbewegungen mit Lauten verbinden
Silben sprechen	Silben klatschen, stampfen, zu Silben springen
Reime erkennen und sprechen	Reime in Bewegung (z. B. beim Springen: Teddybär, dreh dich um)
Genaues Hören von Anfangs- und Endlauten (gehen – stehen)	Reaktionsspiele zu Signalwörtern (gehen – stehen)
Differenzierung von Lauten	Lauten bestimmte Bewegungen zuordnen
Verse mit Endreimen	Fingerspiele

Die Übersicht links zeigt die enge Verbindung zwischen phonetischen und phonologischen Merkmalen der Sprache und Bewegungshandlungen (konkrete Praxisbeispiele zur Förderung der phonetischen und phonologischen Fähigkeiten siehe Kap. 9.2).

Phonologische Bewusstheit

Im Zusammenhang mit der Bedeutung der Fähigkeit, sprachliche Einheiten wie Wörter, Silben und Laute zu differenzieren, ist der Begriff der „Phonologischen Bewusstheit" geprägt worden. Sie gilt als wichtige Voraussetzung, um im Schulalter das Lesen und Schreiben zu erlernen, denn hier müssen Kinder die Lautstruktur der gesprochenen Sprache erkennen, um sie dann auch schriftlich wiederzugeben.

Die kleinsten Lauteinheiten (Phoneme) werden durch Schriftzeichen (Grapheme) repräsentiert. Die Zuordnung von Lauten zu Buchstaben oder umgekehrt die Zuordnung von Buchstaben zu Lauten ist nicht selbstverständlich, sondern muss vom Kind gelernt werden. Dabei muss es seine Aufmerksamkeit nun zum ersten Mal seit Beginn der Sprachentwicklung von der Bedeutung einer Äußerung auf die formale Struktur des Wortes lenken.

Voraussetzungen für das Gelingen des Schriftspracherwerbs

Da die phonologische Bewusstheit eine Reihe unterschiedlicher Fähigkeiten beinhaltet, wird unterschieden zwischen der phonologischen Bewusstheit im weiteren Sinne und der phonologischen Bewusstheit im engeren Sinne (Skowronek & Marx 1989).

Phonologische Bewusstheit im weiteren Sinne bezieht sich auf größere Einheiten der gesprochenen Sprache, wie z. B. Silben und Reime. Die *phonologische Bewusstheit im engeren Sinne* verlangt dagegen den bewussten Umgang mit den kleinsten Einheiten der gesprochenen Sprache – den Lauten.

Im Kindergartenalter haben Kinder meist großen Spaß am Reimen und am Zerlegen von Wörtern in Silben und anderen Sprachspielen. Silben kann man z. B. klatschen, stampfen, klopfen, zählen, betonen – dies trägt dazu bei, dass Kinder eine Einsicht in die Lautstruktur der gesprochenen Sprache erwerben.

Reime und Gedichte werden verbunden mit Fingerspielen, Lautgesten und rhythmisierten Bewegungen. So kann der eigene

Vorname z. B. in ein rhythmisches Spiel einbezogen werden. „Sofi-a"– welche Laute des Namens lassen sich dehnen, langsamer aussprechen? Der Name wird in Bewegung umgesetzt: Bei welchen Lauten kann man einen größeren Schritt machen? (Vokale dehnen). Wie weit komme ich mit meinem Vornamen? Welche Kinder kommen weiter, wie heißen sie, wie ist der Abstand zu erklären? (vgl. Kap. 9.2).

Bei diesen Spielen üben die Kinder die phonologische Bewusstheit im weiteren Sinne. Schwieriger wird es, wenn sie einzelne Laute aus Wörtern heraushören sollen, dies wird in der Regel erst im Rahmen des Schriftspracherwerbs in der Schule durch gezielte Anleitungen geübt.

3.2.2 Semantik und Lexikon – Wortbedeutung, Wortschatz und Begriffsbildung

Mit dem Begriff „Lexikon" ist der Wortschatz gemeint, Semantik beinhaltet die Bedeutung der Wörter. Der Wortschatz umfasst einerseits das Verstehen von Wörtern (der passive Wortschatz) und andererseits den aktiven Gebrauch der Wörter (aktiver Wortschatz). Schon lange bevor das Kind das erste Wort ausspricht, verfügt es bereits über einen passiven Wortschatz, es versteht die Worte und kann sie z. B. Objekten zuordnen. Wenn man es fragt: „Wo ist der Ball?", zeigt es auf den Ball, ohne das Wort aussprechen zu können. Das Verständnis von Wörtern setzt voraus, dass die Kinder sie in ihr vorhandenes Wissen einordnen können.

Passiver und aktiver Wortschatz

Wie umfangreich das Sprachverständnis kleiner Kinder ist, kann man allerdings schwer abschätzen, denn es ist – im Gegensatz zur aktiven Sprachproduktion – nicht immer beobachtbar.

Sprachverstehen und Sprachproduktion

Sprachverständnis und die Produktion von Sprache entwickeln sich also nicht gleichzeitig, das Sprachverstehen geht häufig der Sprachproduktion voraus. Manchmal kann es aber auch sein, dass Kinder Worte von den Erwachsenen aufgeschnappt haben und sie gebrauchen, ohne dass sie ihre Bedeutung zu verstehen scheinen.

Der Aufbau des aktiven und passiven Wortschatzes ist eine wichtige Entwicklungsaufgabe des Kindes. Sie ist nie abgeschlossen, auch als Erwachsener wird man immer noch neue Worte und neue Wortbedeutungen hinzulernen können.

Der Umfang des Wortschatzes und der Wortbedeutungen erweitert sich mit zunehmendem Lebensalter des Kindes, es besteht aber auch eine hohe Variabilität zwischen den Kindern, die auch abhängig von ihrer jeweiligen Lebenssituation ist.

Der Wortschatz ist erfahrungsabhängig

Welche Bedeutung Kinder mit den Wörtern verbinden, liegt auch an den Erfahrungen, die sie machen konnten. Kinder benennen das, was sie kennengelernt haben und was zu ihrem Weltwissen gehört. So wird ein Stadtkind das Wort Baum anders deuten als ein Kind, das auf dem Land lebt. Während das Landkind den „Baum" vermutlich spezifisch benennen kann – Apfelbaum, Pflaumenbaum, Eiche, Birke –, ist das Stadtkind vielleicht gerade in der Lage, einen einzigen Baum zu benennen.

Der Aufbau von Wortbedeutungen ist von den Erfahrungsinhalten und den Interessen des Kindes abhängig. So eignen sich Kindergartenkinder z. B. ein hohes Wissen über die Pokemons an und kennen oft 40 verschiedene Formen – ein Erwachsener wird manchmal bei dem Wort Pokemon den Kopf schütteln und sagen, dass er das Wort noch nie gehört habe und auch nichts damit verbinden könne.

Die Entwicklung von Wortbedeutungen ist also ein offener Prozess – sie hängt ab von Interessen und wachsendem Wissen (so wird die Leserin nach der Lektüre dieses Buches – hoffentlich – auch eine Reihe neuer Wörter gelernt, ihre Bedeutung erkannt und in ihr vorhandenes Wissen eingeordnet haben).

Wortschatzerwerb

Der Wortschatzerwerb beginnt mit den ersten „Protowörtern". „Ham ham" für Essen z. B. wird nicht für eine Puppe, sondern nur für Essen verwendet, es ist stabil und situationsübergreifend und erfüllt somit das Kriterium von Wörtern (Kany & Schöler 2007, 46). Mama oder Papa sind dagegen zunächst noch keine Wörter, es sind erst einmal Lautverbindungen, die dann auf eine Person spezifiziert werden.

Weinert & Grimm (2008, 511) weisen darauf hin, dass kleine Kinder Wörter häufig anders gebrauchen als Erwachsene. Sie wenden z. B. ein einziges Wort auf Objekte und Ereignisse an, für die

Erwachsene jeweils eigene Bezeichnungen haben (Übergeneralisierung); andererseits beschränken sie den Geltungsbereich eines Wortes sehr viel enger, als Erwachsene es tun (Überdiskriminierung). So bezeichnen sie z. B. mit „Wau Wau“ oder „Hund“ nicht nur Hunde, sondern alle vierbeinigen Tiere mit Fell. Dagegen verwenden sie das Wort „Ham“ oder „Essen“ nur für Brot, Gemüse, Nudeln, nicht aber für Pudding, Eis, Bonbons.

Wortschatzexplosion

Sobald die Kinder entdeckt haben, dass alle Dinge einen Namen haben, wächst ihr Wortschatz täglich. Die ersten Wörter produziert das Kind in der Regel im Alter von einem Jahr, langsam kommen neue Wörter hinzu. Wenn der Wortschatz dann ca. in der zweiten Hälfte des zweiten Lebensjahres zwischen 50 und 100 Wörter groß ist, kommt es bei vielen Kindern zu einem großen Sprung („Vokabelspurt“). Täglich kommen neue Wörter hinzu. Die Altersgrenzen können aber variieren, ohne dass eine Entwicklungsstörung vorliegen muss.

Substantive

In den ersten Monaten des Wortgebrauchs verwenden Kinder überwiegend Substantive (Körperteile, Dinge, mit denen sie umgehen, Personen, Tiere – alles das, womit sie in ihrer Alltagswelt aktiv umgehen, was sie sinnlich erfahren).

Verben

Bald kommen Verben hinzu, die ersten Verben sind Handlungs- und Bewegungsverben (gehen, machen, essen, laufen, trinken). Sie sind für die Kinder präsent, weil sie Handlungen bezeichnen, die man entweder durch die eigene Bewegung verstehen oder aber bei anderen Menschen sehen kann.

Adjektive

Mit den Verben kommen auch Adjektive zum Sprachschatz hinzu, dabei stehen sichtbare Zustände von Objekten (klein, groß) oder auch sinnlich erfahrbare Eigenschaften (heiß, kalt, spitz, weich) im Vordergrund. Aber auch Verben und Adjektive für Gefühlszustände werden verwendet (weinen, lachen, freuen).

Funktionswörter

Im Wortschatz finden sich bereits Funktionswörter: Dazu gehören u. a. Artikel (der, die, ein), Pronomen (wir, mein, sie) Präpositionen (auf, in, unter) und kausale Konjunktionen (weil, wenn).

Für die Wortschatzentwicklung sind einerseits Lern- und Gedächtnisprozesse nötig, andererseits sind aber auch Anregungen durch die soziale Umwelt des Kindes unerlässlich. Sie sind wichtig sowohl für das Verstehen von Wörtern als auch für die eigene Wortproduktion. Zu den Anregungen gehören z. B. das Vorlesen und das Betrachten von Bilderbüchern, aber auch Spielsituationen, in denen Erwachsene und Kinder intensiv miteinander kommunizieren.

Förderung von Wortschatz und Begriffsbildung durch Bewegung

Bewegungsspielsituationen sind ideale Gelegenheiten, einen aktiven und passiven Wortschatz aufzubauen und Wortbedeutungen zu erwerben. Objekten werden Wörter zugeordnet, im Umgang mit Objekten und Materialien können Begriffe erfahren werden, in Bewegungsspielsituationen werden Begriffskategorien gebildet (Wie kann man sich fortbewegen? Welche Formen des Gehens gibt es? Watscheln, schleichen, rennen, stolzieren …).

Vielfach sind die ersten Verben kleiner Kinder Aktionswörter: gehen, laufen, springen, kommen. „Es sind oftmals Wörter, die eigene Bewegungen involvieren, und erst später kommen Verben dazu, die kausale Wirkungen implizieren, wie etwa geben, dessen Verständnis ja beinhaltet, dass es einen Gebenden und einen Empfangenden, also eine kausale Wirkung gibt“ (Szagun 2006, 115).

In Bewegung Begriffe erfahren

Sinnliche Erfahrungen erweitern den Wortschatz und führen zur Begriffsbildung: Was ist rund, was ist eckig, hart, weich? Durch das Anfassen, Ertasten, Ergreifen und Benennen werden taktil wahrgenommene Eigenschaften der Objekte zu Begriffen. Das Kind muss einen Gegenstand mit allen Sinnen wahrnehmen, ihn berühren, mit ihm umgehen, es muss erproben, was man mit ihm machen kann – dies führt zum Verständnis der Begriffe. Präpositionen drücken z. B. räumliche Beziehungen zwischen dem Kind und anderen Personen oder Gegenständen aus („Ich sitze auf dem Stuhl, „Der Ball rollt unter den Schrank“) und können am besten in Handlungssituationen erworben und verstanden werden.

Präpositionen

Indem die Erzieherin z. B. bei Bewegungsaktivitäten die Handlung der Kinder sprachlich kommentiert, erweitern die Kinder ihren Wortschatz.

Die folgende Tabelle gibt einen Überblick, wie die semantischen und lexikalischen Bereiche der Sprache in Bezug zu Bewegungssituationen stehen und wie sie bei entsprechenden Aufgabenstellungen dazu dienen können, den Wortschatz der Kinder zu erweitern (konkrete praktische Beispiele zur Förderung des Wortschatzes siehe Kap. 9.3).

Semantische und lexikalische Merkmale der Sprache und ihre Verbindung zu Bewegung

Sprache	Bewegung
Wortschatzerweiterung: Substantive	Mit Objekten umgehen und sie benennen (Ball, Matte, Rollbrett)
Wortschatzerweiterung: Verben	Bewegungsformen variieren: gehen, laufen, hüpfen, rennen in Bewegung erfahren und Unterschiede erleben
Wortschatzerweiterung: Adjektive	Groß – klein im Umgang mit Materialien erleben, schnell – langsam in Bewegung umsetzen
Wortschatzerweiterung: Funktionswörter (z. B. Pronomen)	Bewegungsspiele mit einfachen Regeln: Wir laufen, ihr bleibt stehen; mein Ball – dein Ball
Wortschatzerweiterung: Präpositionen	Bewegungsspiele mit Einnahme räumlicher Positionen (im Reifen, auf dem Stuhl, hinter dem Stuhl, zwischen zwei Stühlen)
Begriffskategorien bilden	Kategorie Ball: Wasserball, Tennisball, Gummiball, Fußball
Reihenbildung	Hüpfkästchen-Spiele: Wochentage hüpfen
Raumrichtungen	Sich im Raum bewegen (nach oben klettern, nach unten springen, vorwärts und rückwärts gehen)
Zeitliche Begriffe (schnell – langsam)	Bewegungstempo verändern: schnell laufen, langsam gehen
Wortfelder bilden (z. B. Körperteile)	Körperteile benennen, Fingerspiele
Ausdifferenzierung des Wortschatzes	Möglichkeiten der Fortbewegung finden: gehen, schleichen, stampfen, torkeln, schlendern

3.2.3 Grammatik (Syntax und Morphologie)

Viele Wörter wahllos aneinandergereiht ergeben noch keinen Sinn, diesen erhalten sie erst, wenn sie nach einem bestimmten Muster kombiniert werden. Dabei verändern sich die Wörter entsprechend ihrer Stellung und durch die Kombination mit anderen Wörtern. Zum Beispiel ist die Stellung der Wörter in einem Satz für seine Bedeutung wichtig: „Der Junge fängt den Ball“ hat eine andere Bedeutung als „Der Ball fängt den Jungen“. Einen Satz, der aus den Wörtern „Junge Ball Fangen“ besteht, würden wir nicht als Satz bezeichnen, je nach Kombination der Wörter werden diese in ihrer Form geändert (gebeugt, dekliniert etc.).

Stellung der Wörter im Satz

Die Kombination der Wörter zu einem Satz wird durch die Grammatik geregelt. Sie regelt, wie die Beziehungen und Stellungen der Wörter zueinander sind (Syntax) und wie sich die Wörter in ihrer Form dabei verändern (Morphologie).

Regeln ableiten und Sätze verstehen

Die Grammatik ist ein System, dessen Gesetzmäßigkeiten das Kind erkennen muss. Es wird also nicht durch Nachsprechen gelernt. Erst mit der Kenntnis grammatikalischer Regeln ist es möglich, etwas aus der Vergangenheit zu berichten oder über Ereignisse, die man zukünftig erwartet.

Das Kind muss die kognitiven Voraussetzungen zur Regel- und Analogiebildung besitzen: Wie wird z. B. der Plural gebildet?

Das Kind erkennt wiederkehrende Muster, von denen es dann die Regeln selbst ableiten kann, ohne die eigentliche Regel zu erkennen. Im Gespräch mit seinem Kommunikationspartner muss es viele grammatikalische Formen hören, um die Regeln zu finden, auf andere Situationen zu übertragen und entsprechend zu verändern, zu variieren etc.

Vom Kind selbst geschaffene Übergänge wie „Ich bin gelauft“, „viele Eimers“ sind wichtig für die Entwicklung der Grammatik. Erwachsene sollten sie nicht korrigieren, sondern eher ein korrektives Feedback geben („Ja – du bist ganz schön schnell gelaufen“).

Korrektives Feedback

Der Erwerb grammatikalischer Strukturen kann erst dann einsetzen, wenn das Kind bereits über einen ausreichend großen aktiven Wortschatz verfügt. Auf der Grundlage des Sprachangebots aus seiner sozialen Umwelt kann es dann intuitiv die Regeln ableiten,

die der Sprache zugrunde liegen und die es ihm ermöglichen, neue Sätze zu verstehen und selbst eigene, noch nicht gehörte Sätze zu bilden (Weinert & Grimm 2008, 504).

Syntax (Wortstellung)

Die Kinder beginnen zunächst mit Einwortäußerungen: Weg, Ball, da, Mama... Mit ca. zwei Jahren fangen sie an, Wörter zu Zwei- oder Dreiwortsätzen zu kombinieren. Sie verbinden z. B. Nomen mit Verben im Infinitiv (Puppe essen) oder mit Verbteilen (Tür zu). Viele Zweiwortsätze drücken räumliche Bewegung aus: Auto rein, Katze ab, Lisa Arm (will auf den Arm). Szagun (2007) betont, dass kleine Kinder die Veränderung im Raum kommentieren, weil sie Bewegung gut wahrnehmen können. Bewegung fesselt ihre Aufmerksamkeit.

Von der Einwortäußerung zum ganzen Satz

Es fehlen noch viele Wortklassen, z. B. Funktionswörter wie Artikel (der, die, das), Präpositionen (über, unter) oder Fragewörter (wann, wo?). Bei der Satzbildung ist die Wortstellung im Satz von Bedeutung. Verben stehen üblicherweise am Ende einer Äußerung (Papa hause kommen, Mama Arbeit gehen).

Mit zwei bis drei Jahren können Kinder einfache, vollständige Sätze bilden, die Wortstellung ist nun meist richtig, das Verb an das Subjekt angepasst (Hund bellt), finite Verben stehen in der zweiten Satzposition (Papa arbeitet), infinite am Ende (Papa geht arbeiten) (Leuckefeld 2006, 34).

Mit drei bis vier Jahren können Kinder dann auch Sätze kombinieren (Haupt- und Nebensatz), sie verstehen Aktiv und Passiv und können Kausalsätze bilden (Lisa ist traurig, weil...). Bis zum Ende der Kindergartenzeit verfügt das Kind in der Regel über die grundlegenden Fähigkeiten, um vollständige Sätze zu bilden.

Morphologie

Die Wortstellung im Satz ist nicht das einzige, was Kinder lernen, sie lernen auch, die Endungen der Wörter zu verändern. Dazu gehört z. B. als erstes die Pluralbildung.
Im Deutschen gibt es vier verschiedene Endungen, die die Mehrzahl anzeigen:

e wie in Fisch-e,
s wie in Auto-s,
r- wie in Bild-er,
n wie in Kirche-n.
Dann gibt es auch noch die Möglichkeit, dass die Mehrzahl mit der Einzahl identisch ist (Messer, Fenster).

Pluralbildung

Hinzu kommt, dass sich die Wörter selbst bei der Mehrzahlbildung ändern können, so werden die Vokale a, o, u zu Umlauten (Hut – Hüte, Ball – Bälle, Mops – Möpse).

Kinder beginnen bereits früh mit der Pluralbildung, machen dabei Fehler, die aber darauf hinweisen, dass sie bestimmte Regeln bereits erfasst haben und diese nun auf alle möglichen Fälle übertragen (Ballen, Eimers oder Hunden).

Verbformen

Zu den veränderlichen Wortformen gehören auch die Verben, deren Endungen sich verändern, wenn sie in der ersten, zweiten oder dritten Person, in der Einzahl oder in der Mehrzahl verwendet werden. Zunächst benutzen Kinder bei den Verben den Verbstamm. Sie sagen: „Ich laufen", „Mama kaufen". Dann aber wird das Verb konjugiert: „Baby schreit."

Diese Fähigkeiten werden im Laufe des dritten Lebensjahres relativ problemlos erworben, mehr Schwierigkeiten bereitet dagegen die Vergangenheitsform der Verben. Hier machen die Kinder zunächst viele Fehler (geesst statt gegessen, hinfallt statt hingefallen), aber auch diese Fehler zeigen, dass sie sich einige Vergangenheitsformen der Verben gemerkt haben und dass sie versuchen, sie systematisch anzuwenden. So singt Elisa mit 2,5 Jahren aus dem Dornröschenlied: „Sie hat sich nicht gesterbst, sie hat sich nur gesticht."

Förderung grammatikalischer Kompetenzen durch Bewegung

Zwar wird es schwierig sein, in Bewegungssituationen Syntax und Morphologie speziell zu fördern, in den komplexen Spielsituationen gibt es aber viele Gelegenheiten, in denen die Kinder z. B. den Plural bilden („Gib mir die Bälle"), die Wortstellung beachten („Ich baue ein Haus", „Ich brauche die Bausteine") und Kausalsätze formulieren („Ich brauche die Bausteine, weil ich ein Haus bauen will“). Es gibt Gelegenheiten für den Artikelgebrauch (die Bausteine, das Haus) und für Flexionen der Verben („Ich habe ein Haus gebaut“) – auch hier können Bewegungsanlässe zu Sprachanlässen werden, die den Spracherwerb des Kindes unterstützen. Die Kinder erleben sich als Subjekt oder Objekt, d. h. es wird auf der sprachlichen Ebene die Unterscheidung in aktive und passive Modi vorgenommen:

Bei einem Fangspiel fangen sie die anderen Kinder oder werden selbst gefangen, sie schieben das Rollbrett oder werden von einem Spielpartner geschoben. Bewegung ermöglicht ihnen, mit Zeit und Geschwindigkeit zu experimentieren, dabei erleben sie auf sensomotorischer Ebene die Bildung und Bedeutung des Komparativs (schnell – schneller laufen, hoch – höher klettern), auch hier können Bewegungsanlässe zu Sprachanlässen werden, die auf der morphologisch-syntaktischen Ebene den Spracherwerb des Kindes unterstützen.

Die folgende Übersicht zeigt, wie die Ebene der Syntax und Morphologie der Sprache in Bewegungssituationen zum Ausdruck kommen und in – meist komplexeren – Spielsituationen durch entsprechende Reflexion und das sprachliche Vorbild der Erzieherin gefördert werden können (konkrete praktische Beispiele zu diesem Bereich in Kap. 9.4).

Beispiele für den Erwerb grammatikalischer Muster in Bewegungssituationen

Sprache	**Bewegung**
Grammatische Regelbildung (z. B. Pluralbildung)	Mit einem Ball, mit zwei Bällen spielen
Verbformen	Ich renne, wir rennen
Steigerungsformen	Schnell laufen – schneller laufen Hoch steigen – am höchsten …
Verbflexionen	Ich bin geklettert

Vergangenheitsformen der Verben	Wir haben gestern mit den Bällen gespielt
Wortstellung	Bewegungshandlungen sprachlich begleiten: Du springst über den Graben
Wortstellung bei Fragesätzen	Wer will zuerst laufen? Wer ist jetzt dran?
Aussagesätze / Imperativ	Ihr fangt jetzt an! Noch nicht loslaufen!
Aktive – passive Formen	Bei einem Fangspiel: fangen – gefangen werden Auf dem Rollbrett: das Brett schieben – geschoben werden
Satzmuster	Spiel- und Bewegungslieder, die gesprochen, gesungen werden

3.3 Pragmatische Kompetenzen – Die kommunikative Funktion der Sprache

Sich mit Sprache verständigen

Sprache wird nicht der Sprache wegen erlernt, sondern aus einer kommunikativen Absicht heraus. Sich mit jemandem verständigen zu können, seine Wünsche zu entziffern, die eigenen Botschaften zu übermitteln, mit ihm zu verhandeln, etwas zu erreichen – das setzt ein gemeinsames Kommunikationssystem voraus. Hier geht es zunächst einmal nicht um das fehlerlose Beherrschen der Sprachformen, um die grammatikalische Richtigkeit, die Vielfalt der Wörter, es geht vielmehr darum, dass man sich über Sprache mitteilen und mit anderen interagieren kann.

Sprachhandeln

In der Sprachwissenschaft wird diese Ebene des Spracherwerbs als Pragmatik (Sprachhandeln) bezeichnet.

Pragmatische Fähigkeiten umfassen die Kompetenz eines Menschen, Sprechhandlungen im Rahmen einer Interaktion auszuführen und zu interpretieren (vgl. Hansen & Heidtmann 2004). Dazu gehört z. B. die Fähigkeit, die Perspektive des Gesprächspartners einzunehmen und ihm die eigenen Absichten so mitzuteilen, dass der andere sie verstehen kann. Dazu gehört aber auch die Fähigkeit zur sozialen Organisation eines Gespräches (z. B. der Rollenwechsel vom Sprecher zum Zuhörer oder die Eröffnung und der Abschluss eines Gespräches) (Hansen & Heidtmann 2004, 41). Beide Dialogpartner müssen die jeweilige Botschaft und ihre Absicht interpretieren (Bruner 2002, 31).

Sprachhandeln umfasst also kommunikative Fähigkeiten; sie beinhalten wesentliche Voraussetzungen für die Kontaktaufnahme und für die Gestaltung von Beziehungen und erfordern einige wichtige Regeln, die vom Kind erlernt werden müssen:

- Blickkontakt aufnehmen und halten,
- Rollenwechsel beim Sprechen beachten,
- sich im Gespräch aufeinander beziehen,
- unterschiedliche Sprechhandlungen wie Auffordern, Bitten, Fragen beherrschen.

Für den Aufbau dieser pragmatischen Fähigkeiten spielen die Entwicklungsbedingungen der Kinder mehr noch als im Bereich der Prosodie, des Wortschatzes oder der Syntax eine wichtige Rolle. Sprachliche Anregungen, die Möglichkeit, sich auf vielfältige Art auseinanderzusetzen, zu diskutieren (abwägen, fragen, argumentieren) – im häuslichen Umfeld sowie im Kindergarten – sind entscheidend für die Entwicklung der Sprechhandlungsfähigkeit. Gerade hier zeigen Kinder sehr unterschiedliche Kompetenzen, was teilweise auch durch das Bildungsniveau der Eltern bedingt sein kann.

Förderung pragmatischer Kompetenzen durch Bewegung

Absprache von Regeln

Pragmatische Kompetenzen sind notwendig, wenn Kinder gemeinsame Spielaktivitäten mit anderen planen und durchführen, sie werden jedoch auch in diesen Spielsituationen geübt. Eine gute Gelegenheit hierfür bieten Bewegungsaktivitäten, die die Kooperation der Kinder untereinander herausfordern. Lauf- und Fangspiele erfordern z. B. die Absprache von Regeln, das Verteilen von Rollen, die Festlegung der Spielhandlung. Fragen und Antworten, Zuhören und Erklären werden in der Spielsituation geübt.

Festlegen der Spielhandlung

Ein Beispiel: Julian erklärt den anderen Kindern der Gruppe das Spiel „Kinder kegeln".

Julian: „Da ... da ... die Erwachsenen ham so Bälle, so kleine und so große. Die versuchen, die Kinder so abzuwerfen."

Nils: „Ne – nich werfen, nur rollen, mit den Bällen darf nicht geworfen werden ..."

Pädagogin: „Und warum heißt das Spiel ‚Kinder kegeln'?"

Julian: „Ist wie Bowling, die einen sind Kegel und die anderen kugeln, die kugeln sie um."

Pädagogin: „Und was passiert mit den Kindern, die getroffen sind?"

Julian: „Die müssen stehn bleiben – so mit Beine auseinander."

Nils: „Ja – so Hundehütte – da müssen die anderen Kinder durchkriechen, und dann sind sie wieder frei."

Während des Spiels wird Meike vom Ball getroffen, als sie gerade ein anderes Kind befreit.

Meike: „Nein, das giltet nich, während man erlöst, darf man nicht abgeworfen werden."

In einer Spielpause:

Julian: „Und jetzt verkehrt rum, also die Kinder kugeln die Erwachsenen."

Nils: „Oh ja, Frau Zimmer, du bist jetzt ein Kegel – und ... peng – umgetroffen!"

Spielideen als Anlass für Sprach- und Bewegungshandlungen

Situative, aber auch bewusst inszenierte Bewegungsangebote können für die Kinder Anlässe zum Sprechen, zum Erweitern und Differenzieren ihres Sprachvermögens sein. Eine Spielidee liefert den Anlass für Bewegungshandlungen wie auch für Sprachhandlungen. Situationen werden „versprachlicht". Damit sind Spielhandlungen zugleich komplexe Sprachlernsituationen. Ebenso können umgekehrt Sprachhandlungen zu Bewegungsanlässen werden: Die Beschreibung einer Situation wird durch Gestik begleitet, ein Rollenspiel lebt zwar durch die sprachliche Kommunikation der am Spiel Beteiligten, es wird gleichzeitig aber auch körperlich inszeniert.

Die Übersicht zeigt an Beispielen auf, wie die pragmatische Ebene der Sprache in Bewegungssituationen angesprochen wird (konkrete praktische Beispiele zur Förderung der kommunikativen Kompetenz siehe Kap. 9.5).

Beispiele für den Erwerb pragmatischer Kompetenzen in Bewegungssituationen

Sprache	Bewegung
Fähigkeit zur Geprächsorganisation (Gespräch beginnen, argumentieren)	Bewegungsspielidee erklären, anderen Mitspielern erläutern
Rollenangemessenes Sprachverhalten	Im Spiel verschiedene Rollen einnehmen: Fänger bei Frage-Antwort-Ritualen (Fischer, Fischer, wie tief ist das Wasser? …)
Regeln erklären	Der Gruppe ein Bewegungsspiel mit Regeln erklären
Wünsche und Ideen einbringen	Vorschläge für die Gestaltung einer Spielsituation machen
Perspektivenübernahme	Übernahme und Abwechseln von Spielrollen (Fänger – Läufer, Suchen – Verstecken)
Rollenübernahme mit spezifischen Sprachmustern	Symbolische Spielhandlungen (Autofahrer – Polizisten)
Sprechhandlungen (Fragen, Bitten, Auffordern)	Geräteparcours gemeinsam aufbauen, Kooperative Spiele
Eigene Absichten verdeutlichen	Bewegungsspiele mit Aushandeln der Regeln
Kontaktaufnahme	Partner- und Gruppenaufgaben: Partner auswählen
Kompromisse eingehen	Aus Spielalternativen eine Spielform auswählen

Tipps zum Weiterlesen:

Wolfgang & Jürgen Butzkamm (2004): Wie Kinder sprechen lernen. Tübingen: Francke

Werner Kany & Hermann Schöler (2007): Fokus: Sprachdiagnostik. Berlin: Cornelsen Scriptor

Gisela Szagun (2006): Sprachentwicklung beim Kind. Weinheim, Basel: Beltz

Gisela Szagun (2007): Das Wunder des Spracherwerbs. Weinheim, Basel: Beltz

Sabine Weinert & Hannelore Grimm (2008): Sprachentwicklung. In: R. Oerter & L. Montada (Hrsg.): Entwicklungspsychologie. Weinheim, Basel: Beltz, 502–534

4.

Sprach- und Bewegungsentwicklung

Warum müssen Menschen ihre Sprache überhaupt lernen? Warum wird sie nicht vererbt – wie bei den Tieren? Schließlich müssen Frösche nicht das Quaken und Hunde nicht das Bellen lernen. Warum erlernen Kinder das Sprechen nicht einfach durch Nachahmung: Durch Vorsprechen eines Wortes oder eines Satzes könnte das Gehörte im Gehirn gespeichert werden?

Die menschliche Sprache ist viel zu kompliziert, als dass sie durch reine Imitation erworben werden könnte. Es geht ja nicht allein um das Erlernen von Wörtern, sondern immer auch um Kommunikation, um das Sich-einem-andern-Mitteilen, um das Vermitteln von Bedeutungsinhalten. Kaum ein Satz wird in der gleichen Form wiederholt, ein Wort muss nicht nur als akustisches Signal eingeprägt, sondern auch in seiner Bedeutung verstanden werden, und je nachdem, an welcher Stelle ein Wort in einem Satz steht, bekommt dieser eine andere Bedeutung. Sprache ist also nicht nur eine Produktion von Lauten, sondern ein komplexer und vielgestaltiger Prozess der Kommunikation, bei dem über den Einsatz der Sprechorgane und Sprachwerkzeuge hinaus der ganze Mensch mit all seinen unterschiedlichen Ausdrucksmitteln beteiligt ist.

Kinder erwerben ihre Muttersprache anscheinend mühelos, in kurzer Zeit und ohne dazu angeleitet zu werden. Sie verfügen über die genetische Ausstattung, die sie dazu befähigt, eine Sprache zu erlernen. Das heißt jedoch nicht, dass sie bereits mit der Sprache geboren werden. Es heißt vielmehr, dass das kindliche Gehirn bereit ist für den Erwerb einer Sprache – dann muss das Kind jedoch in einer Umgebung aufwachsen, in der es ein anregendes Sprachangebot erhält.

Der Spracherwerb – ein komplexer Prozess

Der Spracherwerb ist also ein Produkt des Ineinandergreifens genetischer Anlagen, der Nachahmung von Sprechvorbildern und der sozialen Interaktion des Kindes mit seiner Umwelt.

Vergleichbar verläuft auch die motorische Entwicklung eines Kindes. Es ist bereits bei seiner Geburt mit einer Reihe von Reflexen ausgestattet, die zum Überleben ausreichen (Saugreflex, Greifreflex usw.), und verfügt darüber hinaus über eine Reihe von motorischen Verhaltensmustern (Strampeln etc.). Gemessen an anderen Lebewesen ist der Mensch jedoch relativ hilflos. Im Laufe des ersten Lebensjahres schreitet die motorische Entwicklung immer weiter voran, grundlegende Fähigkeiten und Fertigkeiten werden erworben.

Ähnlich wie beim Spracherwerb verläuft die motorische Entwicklung bei allen Kindern in vergleichbaren Phasen und ist regelgeleitet, d. h. dass einzelne Schritte aufeinander folgen. Vor dem Laufen kommt das Stehen, und der Fähigkeit, auf einem Bein stehen zu können, geht eine allgemeine Gleichgewichtsstabilisierung des Körpers voraus.

Die Bedeutung einer anregenden Umgebung

Auch wenn für die Motorik gewissermaßen ein genetisches Programm vorliegt, ist doch für die Ausbildung spezifischer motorischer Fähigkeiten und Fertigkeiten eine Umwelt erforderlich, in der die Kinder ihr Bewegungspotenzial entfalten können.

In den folgenden Abschnitten werden die Bereiche der Sprachentwicklung und der motorischen Entwicklung zunächst getrennt voneinander vorgestellt, um dann abschließend Verbindungen beider Bereiche – auch wenn sie nicht immer parallel verlaufen – aufzuzeigen.

4.1 Wie kommt das Kind zur Sprache? – Stufen des Spracherwerbs

Die Sprachentwicklung beginnt lange bevor ein Kind sein erstes Wort äußert oder versteht. Ab dem ca. fünften Schwangerschaftsmonat kann der Fötus durch die Gebärmutterwand zumindest die Sprachmelodie hören.

Auditive Wahrnehmung prosodischer Merkmale

Säuglinge erkennen bereits wenige Tage nach der Geburt die Stimme ihrer Mutter. Sie reagieren intensiver auf verbale Äußerungen, die in ihrer Muttersprache gesprochen werden, als auf Äußerungen in einer fremden Sprache (Mehler u.a. 1988, zit. nach Weinert & Grimm 2008, 507). Ein Grund dafür sind die prosodischen Merkmale der Sprache, der Sprachrhythmus und die Betonungen. Allerdings verarbeiten die Säuglinge nicht nur auditive, sondern auch visuelle Informationen. So zeigte eine Studie von Kuhl & Metzloff (1982, zit. nach Weinert & Grimm 2008, 509), dass sie ein Gesicht länger ansahen, wenn dessen Mundbewegung mit einem gleichzeitig präsentierten Ton übereinstimmte.

4.1.1 Sprache entsteht durch soziale Interaktion

Erste stimmliche Äußerung mit Signalwirkung: das Schreien

Die erste stimmliche Äußerung des Kindes – das Schreien – zeigt bereits sein großes stimmliches Potenzial. Es ist noch nicht zielgerichtet, das Schreien wirkt eher als ein Signal, das darauf angelegt ist, die soziale Umwelt auch über größere Entfernung hinweg zu alarmieren (Papoušek 2001, 77). Schreien des Säuglings und andere – eher ruhigere – stimmliche Äußerungen lösen nach Papoušek & Papoušek (1992) unterschiedliche Reaktionen beim Hörer aus. Eltern neigen z. B. dazu, das Schreien mit beruhigender, fallender Melodik zu übertönen („nicht weinen"), ruhigere Äußerungen des Kindes begleiten sie dagegen mit aufmerksamem Zuhören, Nachahmen der Laute, ansteigender Melodik in der eigenen Stimme und locken es damit zu weiteren Vokalisationen. Während das erste Schreien noch eher reflexhaft erfolgt, werden später Laute erkennbar, mit denen das Baby seine Stimmungen und Befindlichkeiten äußert (Wohlbefinden, Unmut, Kontaktbedürfnis, aber auch Hunger oder Schmerzen).

Auch der weitere Verlauf der Sprachentwicklung ist an die soziale Interaktion gebunden. Papoušek (2001, 31 ff.) spricht von einer „intuitiven elterlichen Didaktik", die zu einer erfolgreichen Kommunikation zwischen dem Neugeborenen und den Eltern führt. Die Bezugspersonen passen sich auf spezifische Weise den Voraussetzungen und Äußerungen des Säuglings an und gehen auf seine Bedürfnisse und Präferenzen ein.

Intuitive elterliche Didaktik

Säuglinge kommunizieren (wenn auch zunächst nicht willentlich) mit ihrem Schreien, aber auch das Lächeln, die Mimik, der Blickkontakt rufen Reaktionen in der sozialen Umwelt hervor. Kaum ein Erwachsener wendet sich von einem Säugling ab, der ihn – bei entsprechendem Blickkontakt – meist intensiv mit den Augen fixiert.

Erwachsene lassen sich auf die sprachliche Ebene des Kindes ein, indem sie ihre Mimik ganz bewusst einsetzen (freundlich lächeln, meist ernten sie dann beim Kind auch ein Lächeln), indem sie aber auch bewusst in einer hohen Tonlage sprechen, kurze Sätze verwenden und durch Betonung die Aufmerksamkeit des Babys fesseln. Sie stellen sich damit auf die Wahrnehmungsfähigkeit des Kindes ein (man spricht hier von „Ammensprache" oder „baby-talk").

Baby-Talk

Das Kind benutzt in den ersten Lebensmonaten auch die Körpersprache, um Befindlichkeitssignale auszudrücken. Es rudert aufgeregt mit Armen und Beinen, wenn die Mutter an sein Bett tritt, streckt die Arme aus, um aufgenommen zu werden, dreht den Kopf weg, wenn es die Kontaktaufnahme verweigert – wenn z. B. ein Erwachsener ihm zu nahe gekommen ist.

Körpersprache

4.1.2 Sprachproduktion – Von Lauten und Silben zum Wort

Die ersten Laute entstehen durch zufällige Muskelbewegungen im Mund, Hals und Kehlkopf. Im Alter von sechs bis acht Wochen beginnt der Säugling zu gurren (grr, örre, kraa), zwischen dem zweiten und vierten Lebensmonat setzt das Lachen ein und das Baby produziert zunehmend mehr Laute, wobei diese vor allem durch Nachahmung hervorgerufen werden (Weinert & Grimm 2008, 509).

Die Lallphase

Ab dem sechsten Lebensmonat beginnt die Lallphase: Silbenketten (bababa, dada, gaga, jaja) werden gebildet; dieses Silbenplappern entsteht durch eine Aneinanderreihung von Vokalen und Konsonanten. In ihnen sind bereits erste melodische Muster der Muttersprache erkennbar (Ähnlichkeiten mit der Umgebungssprache in Rhythmus, Tonfall und Melodie). Während Neugeborene die mehr als hundert Sprachlaute der Welt zunächst mühelos aufgrund der prosodischen Merkmale auseinanderhalten und auf vertraute Laute reagieren, verschwindet diese Fähigkeit mit ca. zehn Monaten. Babys haben sich auf die Lautsilben ihrer Umgebung spezialisiert. Die Silbenketten, die bereits muttersprachliche Merkmale aufweisen, sind auch ein Hinweis auf die zunehmende Fähigkeit des Babys, seine Sprechwerkzeuge zu steuern (Penner 2000). Das Kind lernt, Doppelsilben zu formen (mama) – dafür wird es gelobt und es lernt, sinnlose Lautketten von sinnvollen Wörtern zu unterscheiden.

Die Phase des Lallens ist besonders lustbetont. Die Kinder jauchzen und gurren, bilden lange Ketten gleicher Laute oder verknüpfen verschiedene Laute miteinander. Damit werden die Sprechwerkzeuge trainiert, gleichzeitig kommt es auch wiederum zu einem Kommunikationseffekt. Das Lallen des Kindes wird durch ähnliche Laute der Erwachsenen wiedergegeben, es kommt zu „Lallkommunikationen“, der Säugling spürt, dass seine Laute auf Interesse in der Umwelt stoßen (Wendlandt 2006).

Zwischen dem neunten und zwölften Monat tritt ein für die Sprachentwicklung wichtiges Ereignis auf: Zu der Kommunikation zwischen Mutter und Kind kommt die Aufmerksamkeit auf einen Gegenstand hinzu. Die Mutter lenkt die Aufmerksamkeit des Kindes auf einen Gegenstand, zeigt auf ihn und benennt ihn. Das Kind schaut auf den Gegenstand und versucht, ihn lautlich nachzuahmen, es bildet sich ein Dreieck zwischen dem Kind, der Bezugsperson und dem Gegenstand – dies wird als „triangulärer" oder auch als „referentieller Blickkontakt" bezeichnet (Zollinger 2007). Dieser Blick bildet nach Zollinger den eigentlichen Ursprung der Sprache: Von nun an sind die sprachlichen Äußerungen, Fragen und Kommentare der Erwachsenen nicht mehr nur Begleitung der kindlichen Handlungen, sondern sie werden zu Wörtern, welche von einer Person kommen und sich auf „etwas" beziehen.

Triangulärer Blickkontakt

Dem eigenen aktiven Sprechen geht beim Kind immer das Sprachverständnis voraus. D. h. die Kinder verstehen viel mehr, als sie sprechen können.

Ab dem zwölften Monat entstehen erste Protowörter (z. B. Wau-Wau, DaDa, Papa). Zu Beginn werden sie nur in einer spezifischen Situation verwendet, später kann jeder Mama oder Papa sein (was zu peinlichen Situationen führen kann, wenn ein Kind das gerade gelernte Wort Papa im Supermarkt auch auf einen wildfremden Mann, der neben ihm im Supermarkt steht, anwendet).

Erste Protowörter

Mit der Produktion der ersten Wörter nimmt der Wortschatz ständig zu. Hat das Kind einmal erkannt, dass Gegenständen Wörter zugeordnet werden können, kommt es zu einer explosionsartigen Erweiterung des Wortschatzes. Es zeigt auf die Gegenstände und bennent sie: „Ball", „Haus". Die Kinder benennen die Gegenstände jedoch nicht nur, sondern ordnen sie auch ein, bilden Kategorien (Tier, Auto, Essen) und erfassen zunehmend die Bedeutung der Wörter. Wortkombinationen werden vom Kind selbst gebildet, dabei geht es nicht einfach reproduktiv vor, sondern es wird auch kreativ, erfindet neue Wortverbindungen: Wo es einen Schnellzug gibt, da muss auch ein „Langsamzug" sein, heißt die Marmelade noch Mamalade, dann gibt es wohl auch eine „Papalade".

Erfinden neuer Wortkombinationen

Bald entstehen die ersten Zweiwortsätze. Das erste Fragealter beginnt (Is das?), Verben werden gebeugt, Plural gebildet. Erste grammatikalische Regeln sind erkennbar. Das Kind sagt z. B. „Ball spielen" und nicht „Spielen Ball". Noch spricht das Kind im „Telegrammstil", es beschränkt sich auf das Wichtigste: „Didi heia nein"

Erstes Fragealter

sagt Elisa mit fast zwei Jahren und bringt damit klar zum Ausdruck, dass sie auf keinen Fall schlafen gehen will. Nachdem sie sich dann endlich ins Bett bringen ließ, erscheint sie kurz danach wieder vor ihren Eltern und verkündet „Didi Bett haut ab".

Telegrammstil

Im zweiten und dritten Jahr sind die Kinder vor allem mit dem Aufbau des Wortschatzes beschäftigt, ebenso mit dem Erwerb von Wortbedeutungen und Satzbedeutungen. Während das Kind mit ca. eineinhalb Jahren in der Regel über einen Wortschatz von 50 bis 100 Wörtern verfügt, sind es mit zweieinhalb bis drei Jahren schon 500 bis 1000 Wörter, es kommen täglich neue hinzu. Am Ende der Kindergartenzeit beträgt der Wortschatz des Kindes dann durchschnittlich 4000 bis 5000 Wörter (vgl. 3.2.2). Dabei übernehmen die Kinder nicht nur Wörter, sie schaffen aus dem bisher bekannten auch selbst neue Kombinationen.

Vokabelspurt

Zweites Fragealter

Mit zweieinhalb bis drei Jahren setzt das zweite Fragealter ein, die Kinder wollen neben der Benennung auch wissen, wie eine Sache funktioniert (Warum? Wie? Was?).

Gleichzeitig erweitert sich der Spracherwerb auf grammatikalische Kenntnisse (Satzbildung, Beziehungen und Stellungen der Wörter zueinander, Veränderung der Wörter). Die Kinder erkennen und übernehmen wiederkehrende Muster zur Bildung der Form – ohne dass ihnen die Regel bewusst ist. So kommt es zu fehlerhaften, aus der Sicht des Kindes aber dennoch logischen Ableitungen. Sie entwickeln eigene Regeln z. B. für die Bildung der Mehrzahl, der Vergangenheit, indem sie Analogien zu bereits Bekanntem herstellen: „Ich habe die Kuhen gesehen", „Hast du mir was mitgebringt?", „Oma hat alles aufgeesst".

Nach wie vor spielt der Erwachsene bei diesen Prozessen eine wichtige Rolle. Er regt an durch Fragen, Wiederholungen, erweitert die kindlichen Äußerungen durch korrektive Rückmeldungen, dabei ist immer die inhaltliche Ebene wichtig. Was will das Kind mitteilen? Statt eine grammatikalisch fehlerhafte Aussage zu korrigieren, sollte die Aussage fragend wiederholt und dabei korrekt formuliert werden. Fragt das Kind „Ballen spielen", wiederholt der Erwachsene: „Du willst mit den Bällen spielen?"

Konstruktive Begleitung der Sprachentwicklung

Mit ca. fünf bis sechs Jahren kann das Kind dann spätestens reimen und Wörter in Silben zerlegen – eine wichtige Vorläuferfähigkeit für das Schreiben- und Lesenlernen (zur „phonologischen Bewusstheit“ siehe Kap. 3.2.1 und Kap. 10.3.2).

Reimen

Wörter in Silben zerlegen

Jedes Kind erreicht diese Meilensteine der Sprachentwicklung in seinem eigenen Tempo, d. h. dass die Altersangaben differieren können. Der Unterschied kann bis zu einem Jahr betragen. Wenn ein Kind mit drei Jahren jedoch noch nicht spricht, ist erhöhte Aufmerksamkeit erforderlich.

Wichtig ist es, die Freude am Sprechen zu erhalten und Situationen aufzusuchen, in denen man die sprachlichen Fähigkeiten durch Anregungen spielerisch unterstützen kann.

Die soziale Umwelt spielt beim Spracherwerb eine wichtige Rolle, dabei geht es nicht nur um Imitation, sondern vor allem auch um Interaktion und um den geistigen und sozialen Austausch. Fehlende Anregungen verlangsamen den Spracherwerb oder lassen ihn sogar verkümmern.

Deswegen kann auch eine Fernsehsendung – auch wenn darin noch so viel gesprochen wird – die sprachliche Entwicklung des Kindes nicht fördern. Der Fernseher eröffnet keinen Dialog, er führt vielmehr einen Monolog vor und verhindert beim Kind geradezu die Eigenaktivität.

4.2 Wie kommt das Kind zum Laufen? – Entwicklung der Motorik

Wie der Spracherwerb ist auch der Verlauf der motorischen Entwicklung einerseits von genetischen Faktoren abhängig, andererseits aber auch von den Anregungen, die ein Kind von seiner Umwelt erhält, und den Herausforderungen, die von seiner materialen und räumlichen Umwelt ausgehen.

Die wichtigsten motorischen Funktionen, die das Kind bis zum Ende des Säuglingsalters erwirbt, sind das Erlernen des gezielten

Greifens, der aufrechten Haltung und der selbstständigen Fortbewegung.

Im Folgenden wird die motorische Entwicklung in den ersten Lebensjahren beschrieben (vgl. Kasten 2007, Zimmer 2008a). Die Altersangaben sind dabei nur als grobe Orientierungsmerkmale zu verstehen; so kann der Zeitpunkt, an dem das selbstständige Laufen erlernt wird, durchaus um sechs bis acht Monate variieren, d. h. zwischen dem zehnten und achtzehnten Lebensmonat auftreten.

4.2.1 Die Entwicklung der zielgerichteten Bewegungen

Die motorischen Bewegungsmuster eines Neugeborenen sind noch weitgehend undifferenziert: Stoßbewegungen mit den Beinen, rudernde Bewegungen der Arme zeugen von der allgemeinen motorischen Aktivität des Säuglings, die Bewegungen sind jedoch noch nicht zielgerichtet. Er verfügt über eine Reihe von Reflexen:

Reflexe

Saugreflex: An einem Gegenstand, der dem Kind angeboten wird, versucht es sofort zu saugen.

Greifreflex: Bei Berührung der Innenfläche der Hand schließt diese sich ganz fest.

Schreitreflex: Wird das Neugeborene in aufrechter Position gehalten und berühren seine Füße den Boden, dann hebt es einen Fuß leicht an und macht einen „Schritt" nach vorne.

Die Reflexe verschwinden in den ersten Monaten nach der Geburt. Hält man ein Baby im Wasser aufrecht, bleibt das Schreitmuster aber weiterhin bestehen. Hier ist es aber kein Reflex mehr, sondern eher ein der Situation angepasstes Bewegungsmuster.

Schon wenige Wochen nach der Geburt werden auch die Schlag- und Stoßbewegungen des Kindes, wenn es z. B. auf der Wickelunterlage liegt, differenzierter. Die ganzkörperlichen Strampelbewegungen sind dann z. B. auch als Ausdruck von Wohlbefinden zu erkennen.

Zielgerichtete Bewegungen

Zielgerichtete Bewegungen sind zuerst bei der Kopfbewegung zu beobachten: Das Kind wendet seinen Kopf in Richtung einer Licht- oder Geräuschquelle, im Alter von zwei bis drei Monaten kann es sich, in der Bauchlage auf die Unterarme gestützt, nach allen Seiten umsehen.

Sein Interesse an allen Ereignissen in der Umwelt wird zunehmend größer, das fordert auch die Bewegungsentwicklung heraus: Das Kind ergreift Gegenstände, die ihm vorgehalten werden, und steckt sie in den Mund.

Mit Ende des vierten Lebensmonats gelingt es dem Kind zunehmend, die oberen Körperpartien zu kontrollieren; es kann jetzt den Kopf aus der Rückenlage anheben und halten. In der Bauchlage kann es sich auf beide Unterarme abstützen und Kopf und Brust von der Unterlage abheben. Es spielt mit seinen Fingern, die Auge-Hand-Koordination wird geübt: Es greift nach Gegenständen und ertastet sie. Wenn der Kopf sicher gehalten und gedreht werden kann, beginnt die Entwicklung des Körpergleichgewichts.

Erste Greifbewegungen

Das Kind kann mit ca. sechs Monaten frei auf dem Boden sitzen, wenn man es in diese Haltung bringt. Es entdeckt seine Füße, greift nach ihnen und spielt mit ihnen. In der Bauchlage zieht es sich auf Knie und Unterarme, sodass es eigentlich schon die richtige Position für das Robben und Krabbeln hätte; dies gelingt ihm aber meist erst mit ca. acht bis neun Monaten, indem es sich auf den Unterarmen vorwärts zieht oder aber nach hinten abstößt, sodass es sich rückwärts bewegt. Es kann sich nun von der Bauch- in die Rückenlage bringen, sich drehen, was den Bewegungsradius erheblich vergrößert.

4.2.2. Entwicklung der Fortbewegung

Im Alter von neun Monaten kann das Kind sich selbst aus der Rückenlage aufsetzen, indem es fast in die Bauchlage rollt, die Beine beugt und sich mit den Händen stützt.

Sobald das Kind über das Bewegungsmuster des Krabbelns und Robbens verfügt, wird sein Fortbewegungsdrang stärker, seine Bewegungslust steigert sich mit jedem Tag. Das Krabbeln wird im gekreuzten Bewegungsmuster durchgeführt, d. h. Arme und Beine der entgegengesetzten Seite werden jeweils gleichzeitig bewegt. Bis ca. zum elften Lebensmonat bewegt sich das Kind hauptsächlich mit Krabbeln fort.

Erste Fortbewegungsformen

Das Krabbeln stellt eine gute Gleichgewichtsübung dar. Hier liegt der Körperschwerpunkt nicht so hoch wie beim Stehen; es bereitet den aufrechten Gang vor. Einige Kinder kommen jedoch auch ohne Krabbeln zum Gehen.

Zwischen dem zehnten und elften Monat kann das Kind – wenn es festgehalten wird – einige Schritte vorwärts gehen und sich an Möbelstücken haltend auch selbst in den Stand hochziehen. Selbstständig geht das Kind, wenn es sich an einem Gegenstand abstützen kann, zunächst seitwärts.

Pinzettengriff

Kurze Zeit später kann das Kind schon einen Augenblick ohne Stütze stehen. Es steht breitbeinig, um das Gleichgewicht zu halten. Gleichzeitig differenziert sich auch die Feinmotorik immer weiter aus: Das Kind greift zielgerichtet kleinere Gegenstände mit den Fingerspitzen – im Pinzettengriff.

Nun dauert es nicht mehr lange, bis das Kind aus dem Vierfüßlerstand (auf Händen und Knien) selbst zum Stehen kommt und zu gehen anfängt. Das Gehen ähnelt anfangs dem Laufen, das Tempo ist noch sehr hastig: Das Kind „läuft" – ohne anhalten zu können – in die Arme des Erwachsenen, der es auffängt, oder bis es gegen ein Möbelstück stößt. Das langsamere Gehen fällt ihm noch schwer, da dies ein besseres Gleichgewicht erfordert.

Stehen – Gehen – Laufen

Beim Gehen werden die Arme meist angehoben – auch um das Gleichgewicht zu stabilisieren. Den aufrechten Hang erwirbt das Kind in der Regel zwischen dem zwölften und dreizehnten Monat, hier gibt es ebenfalls Altersunterschiede.

Auch feinmotorisch zeigt sich ein weiterer Fortschritt: Greifbewegungen werden immer geschickter, Kinder können Gegenstände weiterreichen oder in Behälter befördern.

4.2.3 Erweiterung des Bewegungsradius und des Bewegungsrepertoires

Mit dem Erwerb der aufrechten Haltung und den Anfängen des Gehens wird der Bewegungsradius eines Kindes immer größer. Während es bisher an seine engere Umgebung gebunden und auf die Hilfe von Erwachsenen angewiesen war, gewinnt es jetzt immer mehr an Selbstständigkeit, die sich in dieser Zeit vorwiegend in seinen motorischen Aktionen äußert. Im Kleinkindalter findet eine Verbesserung der gerade erworbenen Fertigkeiten des Laufens und des Gehens statt; diese werden jedoch modifiziert, und dadurch wird der Erwerb neuer Fertigkeiten ermöglicht.

So entwickelt das Kind neben dem Gehen und Laufen weitere grundlegende Bewegungsformen: Es schiebt Gegenstände (Buggy, Hocker) und zieht Spielzeug hinter sich her (Auto an Leine), klettert auf einen Stuhl, indem es sich zunächst bäuchlings darauf legt und sich dann hochzieht.

Zunehmende Selbstständigkeit

Im Laufe des zweiten Lebensjahres erweitern die Kinder ihr gesamtes Bewegungsrepertoire erheblich. Sie probieren neue Bewegungsformen aus: Springen über kleine Hindernisse, sie kriechen unter Hindernissen hindurch, machen einen Purzelbaum, indem sie sich von einer erhöhten Fläche (tiefe Bank, Holzstamm) kniend auf den Boden rollen, sie hängen sich an eine Reckstange oder an ein Geländer, balancieren über Bordsteinkanten, steigen die Treppe noch im Nachstellschritt. Dazu gehören auch erste Formen des Werfens, das Kind wirft dabei den Ball mit seinem ganzen Körper, Rumpf und Beine begleiten die Bewegung der Arme.

Im dritten Lebensjahr werden die Bewegungsformen komplexer: Das Kind versucht, einen Ball aufzufangen – was aus geringer Entfernung mit einem großen, leichten Ball gelingt. Es lernt hüpfen und steigert beim Laufen das Tempo, es klettert und springt von Gegenständen (Stuhl, Hocker, Mauer) herunter. Es kann auf einem Bein stehen, beim Fangspiel wechselt es die Laufrichtung, um dem Fänger auszuweichen. Die Treppe steigt es nun im Wechselschritt hoch.

Komplexere Bewegungsformen

Zwar ist die Koordination der Bewegung noch nicht voll entwickelt, das Kind hat z. B. noch Schwierigkeiten, einen Ball aus größerer Entfernung aufzufangen, rhythmisch hin und her zu springen oder eine Treppe sicher herunterzusteigen. Betrachtet man jedoch den Lernzuwachs, der die motorische Entwicklung in den ersten Lebensjahren kennzeichnet, dann ist wohl in keiner Altersstufe ein größerer Zuwachs an Fähigkeiten und Fertigkeiten zu verzeichnen.

Beim Erwerb neuer motorischer Fertigkeiten wird vor allem deutlich, wie die Kinder oft selbstständig Problemlösestrategien anwenden: Die Schaukel bewältigt das Kind z.B. selbstständig, indem es

Problemlösestrategien

sich zunächst einmal bäuchlings über das Schaukelbrett legt – in dieser Position kann es das Gleichgewicht auf der Schaukel besser halten, kann sich mit den Füßen anstoßen und ohne fremde Hilfe absteigen. Erst wenn es das Schaukeln in dieser Position beherrscht, geht es zum Sitzen auf dem Brett über.

Obwohl die motorische Entwicklung auch von inneren Reifungsprozessen bestimmt wird, ist es die Umwelt (Eltern, Wohnsituation, Kultur), die darauf Einfluss nimmt, wie sich Kinder motorisch betätigen können. Diese Rahmenbedingungen und die Möglichkeiten des Kindes, sich zu bewegen, beeinflussen die Differenzierung einzelner motorischer Fähigkeiten und Fertigkeiten und vor allem auch die Beziehung des Kindes zu seinem eigenen Körper.

4.3 Verbindungen zwischen der Sprach- und der Bewegungsentwicklung

Sprach- und Bewegungsentwicklung sind keine isolierten Prozesse, die sich völlig unabhängig voneinander vollziehen, sie sind vielmehr integrale Bestandteile der Gesamtentwicklung des Kindes und müssen im Zusammenhang mit anderen Entwicklungsdimensionen wie z. B. der Wahrnehmung, den Kognitionen, den Emotionen betrachtet werden.

Bewegung und Wahrnehmung – Basis der Entwicklung

Bewegung und Wahrnehmung stellen die Basis jeglicher Entwicklung dar, sie sind die Grundlage dafür, dass der Mensch sich ausdrücken, mit seiner Umwelt in Kontakt treten oder auf sie einwirken kann. Mit Hilfe seiner Sinnesorgane nimmt das Kind Eindrücke aus der Umwelt auf, verarbeitet sie und kann motorisch und auch sprachlich darauf reagieren. Auf der Basis von Wahrnehmung und Bewegung ist es dem Kind möglich, Kontakt zu seiner Umwelt aufzunehmen und zunächst non-verbal, dann verbal mit ihr zu kommunizieren.

Das Sprechen selbst stellt ja bereits eine komplexe motorische Handlung dar, indem das Kind für jeden Sprechakt viele Muskeln aktivieren und koordinieren muss (vgl. Kap. 5.1).

Zollinger (2004) beschreibt, wie das Kind im Zusammenspiel unterschiedlicher Entwicklungsbereiche nach und nach die Sprache „entdeckt": „Das Kind lernt beispielsweise genau zu dem Zeitpunkt gehen, wo es im kognitiven Bereich ein erstes Schema der Objektpermanenz entwickelt hat, wo im sozial-kommunikativen Bereich die Individuationsentwicklung ihren Anfang nimmt – und wo es ‚Mama' sagen kann, sodass es ihm möglich ist, auch aus Distanz Nähe herzustellen. Sobald es sich dann selbstständig fortbewegen kann, wird aus dem Gehen selbst einer der wichtigsten ‚Motoren' für die weitere Entwicklung im kognitiven, sozial-kommunikativen und sprachlichen Bereich" (Zollinger 2004, 19).

Selbstständige Fortbewegung

Der Bereich der Bewegung bzw. der motorischen Fähigkeiten spielt bei diesem Prozess eine bedeutende Rolle. Jede motorische Weiterentwicklung, von der Entwicklung der Kontrolle des Säuglings über seine Kopfhaltung, später über die gesamte Körperhaltung, über das visuell gesteuerte Greifen und dessen Ausdifferenzierung bis hin zum Gehen, eröffnet dem Kind die Möglichkeit, seine Umwelt immer differenzierter wahrzunehmen, sie zu erkunden und mit ihr zu kommunizieren.

Bei der Sprach- wie auch bei der Bewegungsentwicklung eines Kindes gibt es viele Etappen, in denen bestimmte Ereignisse zu einem gewaltigen Entwicklungssprung führen. Sie müssen nicht immer zusammentreffen, sind aber jeweils Auslöser für eine Erweiterung des Handlungs- und Bewegungsrepertoires wie auch des sprachlichen Repertoires.

Entdeckerlust in Sprache und Bewegung

Dazu gehören z. B. das Produzieren des ersten Wortes und der aufrechte Gang. Beides führt zu einem großen Interesse an der sprachlichen Benennung der Gegenstände, aber auch zu einem großen körperlichen Expansionsdrang. Entdeckerlust auf beiden Seiten – mit dem Körper und der Sprache –, das stärkt gleichermaßen das Vertrauen in die eigenen Fähigkeiten und regt zu kreativem Umgang mit Sprache und Bewegung an: Das Vokabular des Kindes nimmt rapide zu, gleichzeitig ermöglichen die selbstständige Fortbewegung und die aufrechte Körperhaltung eine Erweiterung des Explorationsraumes.

Das Kind wird durch die Dinge zu Handlungen herausgefordert: Kleinere Objekte ergreift es, bewegt sie, dreht sie, stellt sie aufeinander, lässt sie fallen. Größere Gegenstände werden mit dem gesamten Körper erfasst, das Kind schiebt sie durch den Raum, legt sich darauf, steigt darauf, klettert herunter.

Sprachlicher *und* motorischer Expansionsdrang

Ein weiterer wichtiger Entwicklungsschritt ist die Erfahrung des Kindes, dass es mit seinen Bewegungen etwas bewirken kann: Mit dem Ball einen Kegel umgeworfen oder ihn durch einen Reifen geworfen zu haben, macht ihm deutlich, dass es selbst Verursacher eines sichtbaren Effektes ist, dass es Kontrolle über eine Situation hat. Dies spielt auch beim Spracherwerb eine wichtige Rolle: Das Kind lernt, mit seinen Handlungen, aber auch mit seinen Worten eine Wirkung zu erzielen. Bruner (2002) verweist in diesem Zusammenhang auf die verschiedenen Varianten des Versteckspielens, des Auf-den-Knien-Reitens etc. Diese Spiele beruhen in gewissem Maße auf dem Austausch von Sprache. Es sind Spiele, die in Bewegung ausgeführt, aber von der Sprache bestimmt sind und nur dort existieren können, wo auch Sprache existiert. Oft bieten sie die erste Gelegenheit zu erkunden, wie Dinge mit Worten bewirkt werden können (vgl. Bruner 2002).

Mit Bewegung und Worten etwas bewirken

Die Tabelle auf den folgenden Seiten gibt einen Überblick über die Sprach- und die Bewegungsentwicklung in den ersten sechs Lebensjahren. Die Altersangaben sind nur als grobe Orientierungsmerkmale zu verstehen.

Tipps zum Weiterlesen:

Sigrid Dordel (2003): Bewegungsförderung in der Schule. Dortmund: modernes lernen

Hartmut Kasten: (2007): 0–3 Jahre. Entwicklungspsychologische Grundlagen. Berlin: Cornelsen Scriptor

Hartmut Kasten (2007): 4–6 Jahre. Berlin: Cornelsen Scriptor

Gisela Szagun (2006): Sprachentwicklung beim Kind. Weinheim, Basel: Beltz

Gisela Szagun (2007): Das Wunder des Spracherwerbs. Weinheim, Basel: Beltz

Renate Zimmer (2008): Handbuch der Bewegungserziehung. Freiburg: Herder

Barbara Zollinger (2004): Die Entdeckung der Sprache. Bern: Haupt

Alter	Entwicklung der Sprache	Entwicklung der Motorik	
	Bereiche der Sprache	Grobmotorik	Feinmotorik
Neugeborene	**Phonetik/Phonologie** - Schreien: erste stimmliche Äußerungen (Signal – nicht zielgerichtet) **Kommunikation** - Schreien: Unlustempfinden wird zum Ausdruck gebracht - Bei den Eltern werden so kommunikative Effekte und das Verständnis für die Bedürfnisse des Kindes erzielt	- Vielzahl von Bewegungen kleiner und großer Muskelgruppen erkennbar - Undifferenziertes Bewegungsmuster: Stoßbewegungen mit den Beinen, rudernde Arme (nicht zielgerichtet) - Zuckungen der Lippen treten auf, erinnert an ein Lächeln - „Automatische Schreitbewegungen" (Reflex). Werden die Fußsohlen des Babys berührt, wird das entsprechende Bein gestreckt, während das andere Bein gebeugt wird	- Bei Berührung der Handflächen werden die Finger und der Daumen geschlossen (Affenhand-Griff)
1. – 3. Monat	**Prosodie** - Schreien: Verschiedene Gefühlslagen lassen sich unterscheiden; erkennbar sind: a) Hunger- und Schmerzsignale (heftiges, nicht nachlassendes Schreien) b) Schreien vor Müdigkeit (mildes, klagendes Schreien) - Gurrlaute – vokal-ähnlicher Charakter – variieren in der Tonhöhe (grrr, örre, kraa) - Großes Interesse an der gesamten Sprachproduktion (z. B. Stimmmelodie und Sprachrhythmik) **Phonetik/Phonologie** - Laute wie z.B. ‚a' oder ‚ä', sind möglich und erinnern zeitweise an ein ‚h' - Wiedergabe der Laute erfolgt in Rückenlage bei geschlossenem Mund - Gurgelnde Laute sind vernehmbar (e-che, er-rrh) - Laute sind ca. 20 Sekunden hörbar - Juchzen und Gurren möglich	**Bauchlage** - Anheben des Kopfes (die Dauer des Anhebens steigert sich mit den Lebensmonaten) - Manchen Säuglingen ist das Kopfheben aus der Bauch- und Rückenlage möglich - Unterarmstütz durch Streckung der Nacken-, Schulter- und Rückenmuskulatur und Vorbringen der Oberarme möglich. Das Becken liegt auf der Unterlage auf - Umdrehen zu allen Seiten **Rückenlage** - Kräftiges Strampeln mit den Beinen unter Einbezug der Arme - Drehen auf den Bauch **Laufen** - Schreitbewegungen treten nicht mehr auf; wird versucht, das Kind auf die Beine zu stellen, bleiben die Beine gebeugt	- Hände werden häufig geöffnet - Greifen wird ausprobiert - Säugling versucht, Gegenstände, die ihm in die Hand gelegt werden, in den Mund zu stecken

Alter	Entwicklung der Sprache	Entwicklung der Motorik	
	Bereiche der Sprache	Grobmotorik	Feinmotorik
1. – 3. Monat	**Kommunikation** - „Soziales Lächeln“ (spontan ausgelöst in der 6. Lebenswoche) - Mimische Handlungen nehmen bis zum 3. Lebensmonat zu - Ausdrücken von Gefühlszuständen wie z. B. Freude, Kummer möglich **Semantik** - Äußerungen des Kindes bekommen eine Bedeutung. Sie lassen erkennen, ob sich das Kind wohlfühlt	**Objektwahrnehmung** - Fixierung von Objekten, die sich auf Augenhöhe befinden - Blick kann in Richtung von Geräuschquellen gewandt werden	
4. – 6. Monat	**Prosodie** - Wechsel der Stimmlage bei der Äußerung von Kehllauten - Vokalisationen unterscheiden sich akustisch von den Lauten der voll ausgereiften Sprache - Ab dem 6. Lebensmonat: Lallphase: Silbenketten werden gebildet, (bababa, dada, gaga, jaja) - Tonhöhen und/oder Lautstärke können dabei variieren **Phonetik/Phonologie** - Juchzen, Glucksen und Gurren bei Zufriedenheit; äußert Blasreiblaute (durch geschlossene Lippen wird Luft gepresst) - Laute wie ‚w‘, ‚f‘ und ‚s‘ sind hörbar - Gurrlaute gehen über in konsonantische Laute, der Konsonant ‚m‘ kann gebildet werden - Äußerungen des Kindes klingen wie ma, mu, da oder di **Kommunikation** - Quietschen und Lachen - Reagiert auf Zurufe	**Bauchlage** - Schaukeln (Kopf, Brust und Arme werden angehoben und die Beine gleichzeitig ruckartig gestreckt) - Sicheres **Rollen** von der Bauch- in die Rückenlage und umgekehrt (bis zum 6. Monat) - Zeitweise Abstützen auf nur einer Hand möglich; mit der anderen Hand kann ein Gegenstand aufgehoben werden **Sitzen** - Fähigkeit zur Kontrolle der oberen Körperpartien entwickelt sich - Entwicklung des **Körpergleichgewichts** beginnt mit der sicheren Kopfkontrolle - Freies Sitzen (6. Monat) ist für eine kurze Zeit möglich, hierbei erfolgt die Drehung des Kopfes ohne Gleichgewichtsverlust - Drehung des Oberkörpers zur Seite möglich, um einen Gegenstand aufzuheben	- Bis zum 5. Monat entwickelt sich eine gezielte Auge-Hand-Koordination - Kind verfolgt Spielzeug, das sich auf Augenhöhe befindet, ändert dabei seinen Blick und die Kopfrichtung - Zielgerichtetes Greifen unter Einsatz des Daumens und der ganzen Handfläche (6. Monat) - Fingerfertigkeit noch gering ausgeprägt - Gegenstände können zwischen den beiden Händen ausgetauscht und betastet werden

<table>
<tr><th rowspan="2">Alter</th><th>Entwicklung der Sprache</th><th colspan="2">Entwicklung der Motorik</th></tr>
<tr><th>Bereiche der Sprache</th><th>Grobmotorik</th><th>Feinmotorik</th></tr>
<tr><td rowspan="6">7. – 9. Monat</td><td rowspan="2">Prosodie
- Hohe Quietschtöne
- Intonationsstrukturen sichtbar
- Triangulärer/referentieller Blickkontakt: lautliche Nachahmung eines Gegenstandes, den die Bezugsperson zuvor zeigt und benennt (9.–12. Monat)</td><td>Rückenlage
- Spielt mit seinen Füßen; mit den Beinen wird häufig fest gestrampelt
- Aufrichten aus der Rückenlage – hierzu rollt es aus der Rückenlage in die Bauchlage, beugt die Beine und stützt sich mit den Händen ab</td><td rowspan="6">- Beidhändiges Greifen
- Spielzeug kann ausgeschüttet werden
- Scherengriff
- Greifen gelingt über die Basis der Finger (Einsatz der Fingerkuppen erfolgt später)
- Selbstständiges Essen von Keksen
- Spielzeug kann ineinander gesteckt werden</td></tr>
<tr><td>Drehen
- Aus der Bauchlage ist eine senkrechte Drehung um die eigene Achse möglich</td></tr>
<tr><td>Phonetik/Phonologie
- Freude an der Lautbildung
- Kind spricht mit seinem eigenen Spielzeug
- ‚Plaudert'</td><td>Robben
- Mit Hilfe der Unterarme wird der Körper auf einer Unterlage nach vorn gezogen (ohne Beineinsatz)</td></tr>
<tr><td rowspan="3">Kommunikation
- Zeigegesten
- Klatschen und winken</td><td>Krabbeln
- Gekreuzte Koordination von Armen und Beinen</td></tr>
<tr><td>Sitzen
- Sicheres und freies Sitzen</td></tr>
<tr><td>Stehen
- Stehen mit Festhalten
- Federt (dem Kind gelingt es, in die Hocke zu gehen und sich durch die Streckung der unteren Extremitäten wieder abzustoßen)</td></tr>
<tr><td rowspan="4">10. – 12. Monat</td><td rowspan="4">Phonetik/Phonologie
- Lautspiele wie Gurgeln oder Blasenbildung
- Dialog zwischen dem Kind und einer anderen Person möglich
- Bildung der Konsonanten ‚m', ‚b', ‚p' und ‚n'</td><td>Sitzen
- Stabile Sitzhaltung
- Umdrehen aus dem Sitzen heraus</td><td rowspan="4">- Zangen-Spreizgriff
- Pinzettengriff
- Spielsachen können von einem Platz zum anderen gelegt werden
- Greiftechniken werden differenzierter und feiner
- Kind baut Turm aufs zwei Klötzen</td></tr>
<tr><td>Kriechen
- Schnelles Kriechen beobachtbar</td></tr>
<tr><td>Krabbeln
- Bis zum 11. Lebensmonat aktive Fortbewegung durch Krabbeln</td></tr>
<tr><td>Stehen
- Steht kurzzeitig alleine</td></tr>
</table>

Alter	Entwicklung der Sprache	Entwicklung der Motorik	
	Bereiche der Sprache	Grobmotorik	Feinmotorik
10. – 12. Monat	**Lexikon** - Doppelsilbenbildung: Mama, Papa - Protowörter (WauWau, DaDa) (ab dem 12. Monat) - Verbote werden verstanden **Morphologie** - Einwortäußerungen werden in gleichbleibender Form angewendet **Pragmatik** - Aufmerksam verfolgt das Kind die Erwachsenensprache - Reaktion auf Verbote und Fragen	**Laufen** - 10. Monat: Gehen vor- und rückwärts mit Unterstützung für einige Schritte - Anheben eines Fußes ohne Gleichgewichtsverlust - Kind geht selbstständig seitwärts an Möbeln entlang, geht an den Händen gehalten vorwärts - Zwischen dem 11. und 15. Lebensmonat sind erst freie Schritte erkennbar	
1,5 – 2 Jahre	**Phonetik/Phonologie** - Konsonanten ‚w', ‚f', ‚t', ‚d' werden eher undeutlich gesprochen	**Kriechen** - Kriecht die Treppen rückwärts herunter **Laufen** - Freies Gehen gelingt; der Gang ist noch „breitbeinig"	
	Grammatik - Neben Substantiven werden nun auch Verben, Adjektive, Possessivpronomen („mein") genutzt **Syntax** - Zweiwortsätze **Lexikon** - Wortschatz zwischen 10 bis 50 Wörtern - Kind benennt und zeigt auf eigene Körperteile **Pragmatik** - Passiver Wortschatz ist weiter entwickelt als der aktive - Winke-Winke-Spiele werden gut angenommen	**Klettern** - Aufwärtsklettern beginnt - Höhen von ca. 30 cm können überwunden werden	- Kind blättert mehrere Seiten Buch - Greifen, Erfassen und Loslassen voll entwickelt

Alter	Entwicklung der Sprache	Entwicklung der Motorik	
	Bereiche der Sprache	Grobmotorik	Feinmotorik
2 Jahre	**Phonetik/Phonologie** - Weitere Konsonanten hörbar ‚k', ‚g', ‚ch', ‚r'; Sprachlaute sind nun besser verständlich	**Gehen** - Sicheres, freies Gehen - Beim Auf- und Absteigen der Treppe wird ein Bein nachgezogen - Schnelle Wechsel zwischen Stehen und Sitzen möglich	
	Pragmatik - Selbstgespräche		
	Lexikon - Wortschatz nimmt schnell zu - Wortneuschöpfungen („Briefmann = Briefträger") - Wortschatz von etwa 500 Wörtern		
	Morphologie - Adjektive und Partizipien vermehrt in Gebrauch - Erstes Fragealter beginnt: „Is das?", Verben werden gebeugt, Plural gebraucht, grammatikalische Regeln sind erkennbar		
	Syntax - Dreiwortsätze		
	Semantik - Erstmalige Nutzung der Ich-Form „ich", „mich", „du"		
2,5 Jahre	**Prosodie** - Fließende und sichere Sprachbeherrschung	**Stehen** - Steht etwa zwei Sekunden lang auf einem Fuß	- Gute Hand- und Fingerkoordination - Handhabung von Gegenständen sehr verbessert - Kind baut Turm aus sechs Würfeln - Kind kann die Finger einzeln bewegen
		- Sicheres **Gehen** auf Zehenspitzen - Rennen beginnt zwischen dem 2. und 3. Lebensjahr	
		Springen - Beidbeiniges Springen in die Luft - Kind kann von niedrigen Höhen herunterspringen	
		Klettern - Klettergeschwindigkeit steigert sich - Hüfthohe Hindernisse können überwunden werden	

Alter	Entwicklung der Sprache	Entwicklung der Motorik	
	Bereiche der Sprache	Grobmotorik	Feinmotorik
2,5 Jahre		**Werfen** - Erste Formen des Werfens; Werfen gelingt mit Einsatz des ganzen Körpers (Rumpf und Beine unterstützen die Armbewegung)	
3 Jahre	**Phonetik/Phonologie** - Fast alle Laute werden richtig ausgesprochen (außer ‚pf' und ‚sch', ‚kr', ‚tr')	**Stehen** - Einbeinstand und Gehen auf Zehenspitzen	- Nachmalen eines Kreises - Öffnen von Knöpfen - Schuhe anziehen
		Treppensteigen - Beine werden nacheinander im Wechselschritt eingesetzt	
	Lexikon - Farbunterscheidung - Wortschatzgröße von mehr als 1000 Wörtern	**Springen** - Schlussweitsprung und das Überspringen von Hindernissen möglich	
		Hüpfen - Beidbeiniges Hüpfen Ende des 3. Lebensjahres - Einbeiniges Hüpfen, – 1–3 Sprünge ab 3,5 Jahren	
	Morphologie - Grammatikalische Aussprache entspricht der umgangssprachlichen Erwachsenensprache (noch fehlerhaft) - Zweites Fragealter: Warum? Wie? Was?	**Balancieren** - Auf einer Linie oder einer Bordsteinkante	
	Syntax - Komplette Sätze werden gebildet - Größere Sicherheit mit bei- und nebengeordneten Sätzen (Papa war beim Bäcker und ich habe mit dem Hund gespielt). - Im grammatikalischen Kontext entsteht ein Bild von den verschiedenen Zeitformen (z. B. Vergangenheit)	**Fangen/Werfen** - Fangen eines großen leichten Balles aus geringer Entfernung	

Alter	Entwicklung der Sprache	Entwicklung der Motorik	
	Bereiche der Sprache	Grobmotorik	Feinmotorik
4 Jahre	**Syntax/Morphologie** - Sätze werden grammatikalisch richtig formuliert	**Gehen** - Rückwärts	- Stift kann in Schreibposition gehalten werden
		Stehen - Einbeinstand	
	Phonetik/Phonologie - Spaß an Liedern und Reimen	**Springen** - Springen über ein Seil	
		Hüpfen - Hüpfen (unregelmäßiger Rhythmus)	
5 Jahre	- Kind erzählt zusammenhängende Geschichten - Bildung komplexer Sätze (grammatikalisch richtig)	**Hüpfen** - Einbeiniges Hüpfen	- Perlen auf eine Schnur auffädeln - Sichere Stifthaltung
		Fangen/Werfen - Kind fängt Ball aus Entfernung auf - Kind kann Ziel aus ca. 3 m Entfernung treffen	
		Weitere Fortbewegungen - Radfahren	
6 Jahre	- Kann Regeln für ein Spiel erklären - Rollenwechsel bei Gesprächen - Verständnis abstrakter Begriffe	**Komplexe Bewegungsformen** - Seilspringen	- Sichere Handhabung von Löffel, Gabel - Schleife am Schuh binden
		Fangen/Werfen - Sicheres Fangen eines Balles aus Entfernung - Werfen mit Ausholbewegung - Zielgenaues Werfen	
		Hüpfen - Rhythmisches Hüpfen	

5. Voraussetzungen und Rahmenbedingungen des Spracherwerbs

Von Geburt an ist der Mensch mit der Fähigkeit, Sprache zu erwerben und zu kommunizieren ausgestattet. Damit sich die sprachlichen Fähigkeiten aber entwickeln können, d. h. damit das Kind Laute, Wörter und grammatikalische Regeln erkennen kann, damit es andere verstehen, sich selbst verständlich machen und mit anderen kommunizieren kann, müssen bestimmte Bedingungen erfüllt sein. Die Bedingungen betreffen körperliche, kognitive und psychische Fähigkeiten des Kindes. Normalerweise wird ein Kind im Laufe seiner Entwicklung durch die positive Unterstützung seiner Umwelt zur Sprache kommen. Kinder verfügen also nicht von Anfang an über die Sprache, sie entwickelt sich langsam und in einer bestimmten Abfolge. Tägliche Sprachanregungen, Miteinander-Sprechen, Vorbild durch Erwachsene oder andere Kinder, aber auch Interaktionen, die sprachliches wie sinnlich-körperliches Handeln ermöglichen, sind nötig, damit die Kinder die Sprache lernen.

Im vorangegangenen Kapitel wurde beschrieben, wie sich Sprache aufgrund des Zusammenspiels innerer Voraussetzungen und äußerer Einflüsse entwickelt. Dabei wurde deutlich, dass eine Reihe von Faktoren an diesem Prozess beteiligt sind.

Körperliche, kognitive und psychische Voraussetzungen

Damit der Spracherwerb möglichst störungsfrei verläuft, spielen folgende Rahmenbedingungen eine wichtige Rolle:

- Zunächst müssen die *organischen Voraussetzungen* für das Sprechen gegeben sein, dazu gehören die Funktionsfähigkeit der Sprechwerkzeuge, die Regulation der Atmung, die Ausbildung der Muskulatur der Mundmotorik.
- Darüber hinaus muss aber auch die *Sinneswahrnehmung* gut funktionieren – insbesondere die auditive Wahrnehmung: Der Hörsinn ermöglicht, dass Klänge und Geräusche wahrgenommen werden, dass Stimmen erkannt, die Richtung eines Geräusches lokalisiert und unterschieden werden kann.
- Die Sinneserfahrungen stellen auch die Basis der *kognitiven Entwicklung* dar, aus dem Ergreifen und Ertasten der Dinge baut sich das Begreifen und Erfassen auf, das Kind kann die Dinge benennen, unterscheiden. Die zunehmende kognitive Differenzierung macht es möglich, dass das Kind sich von der konkreten Handlung lösen, dass es Gedanken und Vorstellungen entwickeln und diese auch sprachlich äußern kann.
- *Soziale Beziehungen und Bindungen* gehören ebenso zu den Voraussetzungen für den Erwerb der Sprache, denn sie entsteht in der sozialen Interaktion des Kindes mit seiner Umwelt.

Im Folgenden werden diese grundlegenden Rahmenbedingungen, die für den Spracherwerb notwendig sind, näher erläutert.

5.1 Organische Voraussetzungen

Zum Sprechen benötigt das Kind gut ausgebildete Sprechwerkzeuge. Nur wenn sich ein Kind gut artikulieren kann, sind seine Worte auch zu verstehen. Sprechen ist ein feinmotorischer Akt, an dem viele Muskeln beteiligt sind, der jedoch auch von der Funktionsfähigkeit der Sprechorgane abhängt.

Zu den Sprechwerkzeugen gehören das Zwerchfell, die Lungen und die Bronchien, die für die Atmung zuständig sind, der Kehlkopf, in dem die Stimme produziert wird, und die Artikulationsorgane: Kiefer, Rachen, Nase, Mundhöhle, Gaumen, Zunge, Zähne und Lippen (Wendlandt 2006, 13).

Auch die Resonanzverhältnisse im Rachen-, Mund- und Nasenraum bewirken eine spezifische Stimmbildung.

Sprechwerkzeuge

Schon beim ersten Schreien trainiert der Säugling seine Stimmbänder. Zum Sprechen sind dann zielgerichtete Mund- und Zungenbewegungen erforderlich. Diese Bewegungsabläufe erfordern eine feine Abstimmung unterschiedlicher Muskelgruppen, z. B. in der Zunge und in den Lippen.

Atmung

Erst durch die gute Funktionsfähigkeit der Artikulationsorgane ist es möglich, dass die Aussprache des Kindes verständlich ist. In der Aussprache werden zuerst die Laute beherrscht, die im vorderen Mundbereich geformt werden (also a, o, e, u), dann diejenigen, die im hinteren Mundbereich gebildet werden (z. B. k, g, ng) und später die Zischlaute sch und ch. Bestimmte Laute wie b, p, d oder g machen erforderlich, dass der Luftstrom kurz gestaut und dann wieder plötzlich freigegeben wird. Dazu muss die Muskulatur in den Lippen angespannt, die Atmung reguliert werden. Auch um einen längeren Satz zu sprechen, Laute korrekt zu bilden und die Stimme modulieren zu können, ist die Regulation der Atmung erforderlich. Die Muskulatur bestimmt darüber, dass die Atmung, die Stimmgebung und die Aussprache funktionieren.

Zum Sprechen sind auch zielgerichtete Mund- und Zungenbewegungen nötig, die willentlich gesteuert werden müssen. Diese komplizierten Bewegungsabläufe verlangen eine gute Koordination der Muskulatur. Die Fähigkeit hierzu entwickelt sich mit Hilfe des Tastsinns und des Bewegungssinns, gleichzeitig ist beim Kind auch die Entwicklung der Koordination und der Motorik erforderlich. Die Aussprache ist z. B. von richtigen Stellungen und Spannungszuständen der Mundmuskulatur abhängig.

Mundmotorik

All dies funktioniert in der Regel unbewusst, aber bereits im Kindergarten fällt auf, dass es große Unterschiede in der Artikulationsfähigkeit bei den Kindern gibt. Trotz guten Sprachverständnisses, eines großen Wortschatzes und guten grammatikalischen Wissens kann es sein, dass manche Kinder nur schwer zu verstehen sind. Sie nuscheln, näseln, verschlucken Worte, ihre Aussprache klingt verwaschen. Spielerisches Training der Artikulationsorgane, der Atmung und der Mundmotorik kann dazu beitragen, dass die Kinder von Anfang an lernen, ihre Sprechwerkzeuge optimal zu benutzen.

Üben der Artikulation

Dies kann auch für Kinder, die Deutsch als Zweitsprache lernen, sehr hilfreich sein, denn das Lautinventar verschiedener Sprachen ist z. T. sehr unterschiedlich. So kann es sein, dass Kinder in der Zweitsprache Deutsch Laute artikulieren lernen müssen, die in ihrer Erstsprache gar nicht existieren (vgl. Kap. 10.3.1).

5.2 Wahrnehmung

Sich selbst, seine soziale und materiale Umwelt wahrnehmen zu können gehört zu den wesentlichen Voraussetzungen für das Lernen. Vor allem bei der Aufnahme und Verarbeitung von Informationen aus der Umwelt spielt die Wahrnehmung eine wichtige Rolle. Jeder neue Eindruck, jedes Ereignis muss zunächst mit Hilfe der Sinnesorgane erfasst und an das Zentralnervensystem weitergeleitet werden, bevor das Kind situationsangemessen darauf reagieren kann.

Unter „Wahrnehmung“ wird das Aufnehmen und Verarbeiten von Reizen über die verschiedenen Sinnessysteme verstanden. Voraussetzung für die Orientierung in der Umwelt ist die Fähigkeit, Sinnesreize zu differenzieren, wichtige Informationen von unwichtigen zu unterscheiden (Zimmer 2000c). Der Säugling ist bereits

Das Zusammenwirken der Sinne

fähig, aus einer Vielzahl von Geräuschen diejenigen herauszuhören, die für ihn von Bedeutung sind: Die Stimme der Mutter kann er z. B. auch in dem größten Stimmengewirr erkennen.

Die Sinne eines Menschen sind zwar vom ersten Tag seines Lebens an funktionsfähig, ihre Zusammenarbeit entwickelt sich aber erst im Laufe der ersten Lebenswochen und -monate. Abhängig ist ihre Entwicklung vom alltäglichen Gebrauch der Sinnesorgane. Jede Handlung des Kindes führt zu Erfahrungen, die die Differenziertheit seiner Wahrnehmungsfähigkeit verbessern. Selbst auf den ersten Blick ganz einfach erscheinende Tätigkeiten wie das Greifen nach einem Gegenstand bedürfen des Einsatzes und der Koordination mehrerer Sinne.

Für die Sprachentwicklung ist zunächst einmal die auditive Wahrnehmung von Bedeutung, aber auch die anderen Sinnessysteme spielen eine wichtige Rolle, wenn es z. B. um den Blickkontakt des Kindes, seine visu-motorische Koordination oder um seine Fähigkeit zur Nachahmung geht.

5.2.1 Auditive Wahrnehmung

Sprechen lernen heißt erst einmal genau hinhören – und das üben Kinder schon sehr früh.

Hören ist von der Entwicklung her die erste Sinneserfahrung, die ein Kind macht – lange bevor es seine Umwelt visuell wahrnehmen kann. Das Hörorgan ist bereits im vierten Schwangerschaftsmonat ausgebildet, im letzten Schwangerschaftsdrittel kann der Fötus unterschiedliche Stimmen bewusst wahrnehmen und unterscheiden.

Pränatale Ausbildung des Hörorgans

Die auditive Wahrnehmungsfähigkeit eines Kindes ist sowohl von seiner Aufmerksamkeit als auch von der Fähigkeit, Reize zu unterscheiden, zu lokalisieren und in einen Bedeutungszusammenhang (z. B. beim Sprachverständnis) zu bringen, abhängig. Töne, Geräusche, Sprachlaute müssen aufgenommen, verarbeitet, zugeordnet werden, damit sich die Sprache entwickeln kann. Folgende Bereiche der auditiven Wahrnehmung können unterschieden werden (vgl. hierzu Zimmer 2008c):

Bereiche der auditiven Wahrnehmung

- *Auditive Aufmerksamkeit*: Das Kind muss sich auf Gehörtes konzentrieren, auf auditive Reize einstellen können.
- *Auditive Figur-Grund-Wahrnehmung*: Ein akustisches Signal muss aus den Hintergrund- und den Nebengeräuschen herausgelöst werden. Trotz des Lärms im Gruppenraum sollte ein Kind z. B. der Stimme der Erzieherin, die eine Geschichte vorliest, lauschen, im Straßenverkehr ein hupendes Auto wahrnehmen können.
- *Auditive Lokalisation*: Eine Geräuschquelle kann räumlich eingeordnet werden, das Kind sollte die Richtung, aus der ein Geräusch oder eine Stimme kommt, lokalisieren.
- *Auditive Diskrimination*: Ähnlichkeiten und Unterschiede zwischen Lauten und Tönen müssen erkannt und richtig zugeordnet werden können. Voraussetzung für den Erwerb der Sprache ist z. B., ähnlich klingende Laute wie ‚d' und ‚t' oder ‚g' und ‚k' voneinander unterscheiden zu können.
- *Auditive Merkfähigkeit*: Gehörtes muss gespeichert werden, um wiedererkannt und wieder abgerufen werden zu können. Nur so kann man sich z. B. die Melodie eines Liedes merken.
- *Verstehen des Sinnbezugs*: Auditives Wahrnehmen umfasst auch das Verstehen und inhaltliche Zuordnen des Gehörten. Laute und Silben müssen nicht nur herausgehört, sondern auch in einen Sinnzusammenhang gebracht werden (z. B. die unterschiedliche Bedeutung von zwei Wörtern mit ähnlichem Klangbild: Kirche – Kirsche).

Die Fähigkeit, Sprache zu verstehen, ist beim Kind viel eher ausgebildet als die Fähigkeit, selbst zu sprechen. Es begreift die Bedeutung einzelner Wörter, noch ehe es sie selbst aussprechen kann. Voraussetzung hierfür ist eine gut funktionierende auditive Wahrnehmung.

5.2.2 Visuelle Wahrnehmung

Auch die visuelle Wahrnehmungsfähigkeit zählt zu den Voraussetzungen, die für den Spracherwerb der Kinder wichtig sind. Kinder entdecken mit den Augen ihre nähere und weitere Umgebung, sie fixieren Menschen und Gegenstände, und wenn sie nach einem Gegenstand greifen, muss die Bewegung der Hände durch das Sehen gesteuert werden. Größen, Formen und Farben, die sie benennen, müssen zunächst visuell voneinander unterschieden werden.

Sehend die Umgebung entdecken

Babys schauen sich aber auch die Mundbewegungen der Erwachsenen sowie die Stellungen ihrer Lippen beim Sprechen ab und ahmen sie nach.

In Kapitel 3 wurde bereits über eine Studie von Kuhl & Metzloff (1982) berichtet, nach der ca. vier Monate alte Säuglinge über eine Fähigkeit zum „Lippenlesen" verfügen: Sie schauten ein Gesicht länger an, wenn Mundbewegungen und gleichzeitig zu hörende Töne übereinstimmten. Bei fehlender Übereinstimmung des Gehörten und Gesehenen wurde das Gesicht von den Säuglingen eindeutig weniger lange betrachtet (zit. nach Weinert & Grimm 2008, 509).

Die Bedeutung des Sehens für die Sprachentwicklung zeigt sich auch daran, dass viele blinde Kinder eine Sprachentwicklungsverzögerung aufweisen: Durch ihre eingeschränkte visuelle Wahrnehmungsfähigkeit ist oft auch ihr Wortschatz eingeschränkt, sie können viele Dinge in ihrer Umwelt nicht erfassen und deswegen in der Sprache nicht beschreiben (Wendlandt 2006).

Dabei sollte jedoch bedacht werden, dass blinde Kinder oft einen sehr viel differenzierteren Hör- und Tastsinn haben und über diese Sinne aufgenommene Eindrücke detaillierter beschreiben können, als dies sehenden Kindern möglich ist.

5.2.3 Taktile Wahrnehmung

Greifbare Erfahrungen werden zu Begriffen

Durch den Tastsinn erhält das Kind Informationen über die Oberflächenbeschaffenheit der Dinge, mit denen es umgeht: Was weich oder rau, rund oder eckig, kalt oder warm heißt, erfährt das Kind nur beim Berühren der Oberfläche eines Gegenstandes. In Verbindung mit der Sprache werden diese „greifbaren" Erfahrungen zu Begriffen.

Der Tastsinn ermöglicht jedoch nicht nur eine aktive Erkundungswahrnehmung, sondern auch ein passives Berührtwerden über die Haut, das insbesondere unter sozialen und emotionalen Aspekten betrachtet werden kann.

Für den Säugling ist die Haut ein wichtiges Kommunikationsorgan, über das er in Kontakt mit seiner sozialen Umwelt kommt. Durch die Art, wie er von seinen Bezugspersonen gehalten, gestreichelt, gedrückt wird, kann er unterscheiden, ob er von einer ihm gegenüber liebevoll oder gleichgültig eingestellten Person in den Arm genommen wird.

Taktile Kommunikation = erste Sprache des Kindes

Die taktile Kommunikation ist die erste Sprache des Kindes, auf der die verbale Sprache aufbaut. Der Tastsinn wird daher „die Mutter der Sinne" genannt. Taktile Berührung ist eine Grundlage der sozialen Existenz (Zimmer 2008c).

Über den Tastsinn nimmt das Kind die emotionale Bedeutung von Berührungen wahr: Sanft gestreichelt zu werden vermittelt ihm Zärtlichkeit oder Trost, bei Gefahr klammert sich das Kind an die Mutter oder den Vater, in den Armen gehalten zu werden gibt ihm Halt und Zuversicht.

Berührungen müssen jedoch nicht immer positiv wahrgenommen werden, sie können auch als unangenehm oder schmerzhaft empfunden werden.

Montagu (1984, 212) bezeichnet die Sprache des Tastsinns als die früheste aller Sprachen.

Tastorgan Mund

Auch der Mund kann als hervorragendes Tastorgan betrachtet werden. Zunge, Lippen und Gaumen sind – dies beweisen uns Kleinkinder mit ihren Bedürfnissen, alles in den Mund zu stecken – sehr sensibel für das Ertasten von Formen, der Oberflächenbeschaffenheit und anderer materialer Eigenschaften von Gegenständen.

Die taktile Wahrnehmung ist aber auch wichtig für die Artikulation von Lauten. So werden Laute wie das stimmlose ‚s' im Mundinnenraum gebildet, die Zungenspitze liegt dicht an den oberen Schneidezähnen. Man muss also, um den Laut richtig zu bilden, die Position der Zunge spüren.

5.2.4 Kinästhetische Wahrnehmung

Spannungssinn, Tastsinn, Bewegungssinn

Die kinästhetische Wahrnehmung umfasst den Spannungssinn, den Kraftsinn, den Stellungssinn und den Bewegungssinn (Zimmer 2008c). Jedes Sprechen ist auch eine motorische Handlung:

Mund- und Zungenbewegungen müssen aufeinander abgestimmt und feingesteuert werden, Laute wie ‚b', oder ‚p' erfordern die Anspannung der Lippenmuskulatur, bei Vokalen wie ‚a' und ‚o' ist jeweils eine unterschiedliche Formung und Öffnung der Lippen erforderlich. Dazu benötigt das Kind die Fähigkeit zur Bewegungswahrnehmung, aber auch der Kraft- und Spannungsregulation. Auch im weiteren Sinne trägt die Bewegungswahrnehmung zur Entwicklung der Sprache bei, da das Kind sich zunächst über seinen Körper der Umwelt bemächtigt und erst im zweiten Schritt Begriffe für seine Erfahrungen bildet. Was Springen heißt, erlebt das Kind zuerst über seinen Körper, und was es bedeutet, wenn ein Brett, auf dem man steht, wackelt, muss man zunächst in der eigenen Bewegung erfahren. Die Bewegungswahrnehmung ist also sowohl im engeren als auch im weiteren Sinne mit der Sprachentwicklung verknüpft.

Steuerung der Muskulatur

5.3 Kognitive Voraussetzungen

Zwischen der kognitiven Entwicklung eines Kindes und seiner sprachlichen Entwicklung gibt es eine wechselseitige Beziehung: Zunächst eignen sich Kinder die Welt über ihre Sinne und ihre Motorik an, sie hantieren mit Gegenständen und lernen so ihre Eigenschaften kennen; sie erkennen, was man mit den Dingen tun kann und was diese selber tun. Dass z. B. ein Luftballon leicht ist und in der Luft schwebt und dass ein Ball über den Boden rollt, dass man ihn werfen und auf dem Boden springen lassen kann. Daraus bilden sich Begriffe für die Gegenstände und Handlungen. Der Luftballon ist zunächst ein Ball, wie alles Runde, das rollt, fliegt und springt. Dann wird unterschieden zwischen Bällen, die in der Luft fliegen, und solchen, die auf dem Boden rollen und springen. Ball und Luftballon werden als verschiedene Objekte wahrgenommen und benannt. Diese Erfahrungen sind an den unmittelbaren Umgang des Kindes mit den Gegenständen gebunden.

Begriffsbildung

Später sind die Objekte beim Kind auch dann noch präsent, wenn sie aus seinem Gesichtsraum verschwinden, wenn es sie nicht mehr sieht, nicht mit ihnen spielt. Sie existieren auch noch in der Vorstellung des Kindes. Damit werden die äußeren Handlungen quasi nach innen verlagert. Das Wort Ball wird zum Symbol für den realen Ball, er wird zu seinem Stellvertreter. Der Ball ist durch das Wort präsent – auch wenn er nicht gegenwärtig ist. Das Kind kann nun über den Ball sprechen, kann ihn beschreiben, kann ihn suchen, kann ihn mit anderen vergleichen und daraus Kategorien ableiten (alle Bälle sind rund). Damit wird es dem Kind möglich, Gedanken und Vorstellungen hervorzurufen, die von der realen Situation losgelöst sind. Nun können Zusammenhänge erkannt, Schlüsse gezogen werden, ohne dass sie an das praktische Tun gebunden sind. Probleme können ggf. bereits in der Vorstellung gelöst werden.

Kategorien bilden

Sprache ermöglicht das Denken, gleichzeitig beeinflusst das Denken auch die Sprache, denn die Verwendung eines Wortes als Symbol für einen Gegenstand ist davon abhängig, dass das Kind den Gegenstand auch abstrakt in Form geistiger Operationen erfassen kann.

Sprache und Denken

Zunächst baut die Sprache also auf dem sinnlichen Erfahren und dem Bewegen auf, dann aber verlagern sich die Handlungen nach innen und das Kind kann über sie nachdenken. Die Verwendung von Symbolen stellt einen wichtigen Schritt in der kognitiven Entwicklung dar.

Im Wortschatz des Kindes tauchen zu Anfang nur Begriffe von Dingen auf, die es anfassen kann, die sichtbar existieren, die es täglich wahrnimmt (Ball, Auto). Allmählich werden auch Dinge benannt, die sich außerhalb seiner unmittelbaren Reichweite befinden (z. B. Mond), die es nicht anfassen kann (z. B. Arbeit) oder die etwas über die Beziehung oder die Befindlichkeit ausdrücken (lieb sein, Hunger haben).

Dies ist ein weiterer wichtiger Schritt der kognitiven, aber auch der sprachlichen Entwicklung.

Eine weitere wichtige Voraussetzung für den Spracherwerb ist die Fähigkeit, sich in einen Interaktionspartner hineinversetzen zu können, seine Perspektive einzunehmen. Dies ist eine kognitive Fä-

higkeit, die das Kind vor allem benötigt, um Sprache im Sinne von Kommunikation benützen zu können. Auf diesen Aspekt wird im folgenden Abschnitt genauer eingegangen

5.4 Kommunikative Voraussetzungen: Entfaltung der Sprechfreude

Die Kommunikationsfähigkeit eines Kindes entwickelt sich rasch, wenn seine Sprechversuche Erfolg haben, wenn sich Eltern und andere Bezugspersonen auf das kindliche Bemühen, sich auch über Sprache auszudrücken, einlassen und seine Sprachspiele freudig aufgreifen. Eine wichtige Voraussetzung für die Sprachentwicklung ist die Sprechfreude des Kindes. Kinder nehmen Laute und Wortbestandteile auf, sie gehen kreativ mit Sprache um und erfreuen sich an neu geschaffenen Wortverbindungen. „Ballufterblong" sagt Tobias (2;11) zum Luftballon, „Mundharmuntimonika" zur Mundharmonika. Sprachlust und Kreativität kennzeichnen die verbalen Äußerungen der Kinder. Dabei haben sie durchaus ihre eigene Logik: „Da vorne rückwärts" sagt Elisa (3;1), wenn sie „hinten" erklären will. Nirgendwo hat sie dies so gehört, sie hat sich den Begriff selbst erschlossen.

Sprachlust und Kreativität

Der Spracherwerb ist ein aktiver, schöpferischer Prozess. Damit er sich voll entfalten kann, ist eine sprechfreudige Umgebung erforderlich. Dazu gehören Menschen, die dem Kind zuhören und die sich auf die Sprache der Kinder einlassen, die ihnen auch aktive Rollen zugestehen.

Beim Sprechenlernen muss sich das Kind auch die Kunst des Interagierens und Kommunizierens aneignen. Im Gespräch muss man sich aufeinander beziehen, Pausen machen im eigenen Sprechen, damit der andere etwas sagen kann. Gelingt diese Beziehung nicht, reden die Menschen aneinander vorbei.

Das Kind lernt also auf Fragen zu reagieren, es lernt, wie man selber Fragen stellt: Anfangs kann die ganze Frage in einem Wort liegen, indem die letzte Silbe mit angehobener Stimme gesprochen wird („Mama?“ sagt das Kind, als es die Autotüre ins Schloss fallen hört und meint: „Ist das Mama, die da angekommen ist?“). Später wird der Satz mit einem Fragepronomen eingeleitet („Wer kommt da?“). Es lernt den Unterschied zwischen Fragen und Aufforderungen an der Betonung und der Wortstellung zu verstehen und selbst auszudrücken.

Interaktion und Kommunikation

Nur in selbst erfahrenen Gesprächssituationen kann es das Wissen darüber erwerben, dass Gespräche immer ein Hin und Her bedeuten, dass der Wechsel der Sprecherrolle zu den entscheidenden Kriterien des Dialogs gehört. Blickkontakt, körperliche Zugewandtheit stellen die Brücke zwischen dem Kind und dem Erwachsenen her. Mimik und Gestik müssen aufeinander bezogen sein, wenn man miteinander spricht („Jetzt bist du dran“, „Jetzt will ich was sagen!“).

Emotionale Zuwendung

Diese Fähigkeit wird schon in der vorsprachlichen Phase geübt, emotionale Zuwendung, das Aufeinander-Eingehen kennzeichnen das liebevolle Versteckspielen zwischen Erwachsenen und Kind: Das Wiedererscheinen des Gesichtes, nachdem es sich kurz hinter einem Kissen versteckt hat, begleitet von einem langgezogenen „Buuuuh“. Das glucksende Lachen des Kindes als Reaktion, das den Erwachsenen immer wieder zu neuem Versteckspiel animiert – dies sind erste lustvolle sprachlich wie körperlich zugewandte Kommunikationsformen.

Die Perspektive des Spielpartners einnehmen

Das Kind erkennt, dass es etwas bewirken kann, dass es an dem „Immer-wieder-Erscheinen“ des Gesichtes beteiligt ist, es kann andere „in Bewegung versetzen“. Diese Rollen lassen sich auswechseln: Später übernimmt das Kind die aktive Rolle des Sich-Versteckens, verschwindet hinter dem Stuhl, taucht plötzlich wieder auf, begleitet seine Bewegungen wie vorher Mutter oder Vater mit einem „Uuuuuh“. Es lernt, die Perspektive seines Spielpartners einzunehmen, seine Handlungen zu deuten, die eigenen Absichten dem anderen mitzuteilen.

Bruner (2002) spricht in diesem Kontext von einem „Format“ als standardisiertem Interaktionsmuster zwischen einem Erwachsenen und einem Kleinkind, welches feste Rollen enthält, die mit

der Zeit vertauschbar werden. „Der Gebrauch der Sprache lässt sich nur durch ihren kommunikativen Einsatz lernen“ (Bruner 2002, 101).

Notwendige Voraussetzung für diese Strukturierung der frühen Kommunikation ist eine soziale Umwelt, die sich ebenso lustvoll wie das Kind an dem Spiel beteiligt.

Neugier

Eine ganz wichtige Voraussetzung für den Erwerb der Sprache bringt das Kind mit auf die Welt: Es ist neugierig, wendet sich seiner Umwelt aktiv zu, es strebt nach Autonomie, nach Selbstständigkeit und ist bemüht, sich Fähigkeiten und Kenntnisse anzueignen. Dies zeigt sich in der Motorik, in der Kognition und in der Sprache – das Kind bleibt nicht auf einer Stufe stehen und ist zufrieden mit dem Erreichten, sondern es will mehr: Es will fremdes und eigenes Verhalten beeinflussen, Aufmerksamkeit lenken, die Dinge verstehen und sie benennen, sich selbstständig fortbewegen, sich vor allem mit anderen verständigen. Die Natur schafft Voraussetzungen, die es von der sozialen Umwelt des Kindes aufzugreifen und weiter zu gestalten gilt.

Symbol des Spracherwerbs – der Baum

Wendlandt (2006, 10) beschreibt den Prozess des Spracherwerbs mit seinen Rahmenbedingungen mit dem Symbol eines Baumes: Zu den Wurzeln gehören anatomische, aber auch sensorische und sozial-emotionale Voraussetzungen (die Stimme, das Hören, die Feinmotorik), der Stamm ist die Sprechmotivation und das Sprachverständnis, der Baum entfaltet sich nur dann, wenn genügend Wärme und Licht vorhanden sind (Sonne, Akzeptanz und Liebe in der Familie) und das lebensnotwendige Wasser (die täglichen Gespräche mit dem Kind) und genügend Nährstoffe (Sprachanregungen) enthält.

Tipps zum Weiterlesen

Jean A. Ayres (2002): Bausteine der kindlichen Entwicklung. Berlin: Springer

Jerome Bruner (2002): Wie das Kind sprechen lernt. Bern: Huber

Uta Hellrung (2006): Sprachentwicklung und Sprachförderung. Freiburg: Herder

Ingrid Olbrich (2002): Auditive Wahrnehmung und Sprache. Dortmund: modernes lernen

Wolfgang Wendlandt (2006): Sprachstörungen im Kindesalter. Stuttgart: Thieme

Anna Winner (2007): Kleinkinder ergreifen das Wort. Berlin: Cornelsen Scriptor

Renate Zimmer (2000): Handbuch der Sinneswahrnehmung. Grundlagen einer ganzheitlichen Bildung und Erziehung. Freiburg: Herder

Barbara Zollinger (2007): Die Entdeckung der Sprache. Bern: Haupt

6. Wie hängen Sprache und Bewegung zusammen? Ergebnisse empirischer Studien

Die Überlegungen in Kapitel 4 machten deutlich, dass es viele Parallelen zwischen der Sprach- und der Wahrnehmungs- und Bewegungsentwicklung von Kindern gibt. Diese Annahme wird auch durch die Ergebnisse einiger Studien belegt. Sie befassen sich allerdings in erster Linie mit wahrnehmungs- bzw. sprachauffälligen Kindern. So hat man z. B. erkannt, dass bei Kindern mit einer Lese-Rechtschreib-Schwäche häufig grundlegende Wahrnehmungs- und Bewegungsfähigkeiten beeinträchtigt sind. Diese Kinder haben „meist Probleme damit, verschieden hohe Töne voneinander

Sprachauffälligkeiten und Wahrnehmungsstörungen

zu unterscheiden oder den zeitlichen Ablauf von Schallereignissen präzise zu erfassen – etwa, wie schnell in einer Silbe nach einem Konsonant der darauf folgende Vokal ertönt. Oft suchen die Betroffenen auch länger nach passenden Wörtern und brauchen mehr Zeit, um zwischen verschiedenen Alternativen auszuwählen" (Warnke & Hanser 2004, 65). Defizite konnten auch in der Blicksteuerung und im Bereich der Motorik festgestellt werden.

Neben der Wahrnehmung standen und stehen auch häufig motorische Fähigkeiten sprachgestörter Kinder im Mittelpunkt des Interesses, da beide Faktoren für die Sprachentwicklung als wichtig erachtet wurden: „Die lautsprachlichen Voraussetzungen basieren vor allem auf einer einwandfrei funktionierenden Sensomotorik – gepaart mit steuernder Intelligenz, weil Sprechen und Sprachverstehen sich über Bewegungsabläufe, koordiniert mit Sinnestätigkeiten vollziehen" (Kraft 1986, 16).

Sprachentwicklungsstörungen und motorische Defizite

Sprechen *ist* eine motorische Handlung, die eine sehr komplexe Bewegungsplanung erfordert (vgl. Kap. 5). Spezifische Bewegungen des Mundes, der Zunge und der Lippen müssen so geordnet werden, dass der dabei entstehende Ton ein Wort bildet. Das Kind muss außerdem entscheiden, welches Wort dem anderen folgt. Kinder mit Sprach- oder Sprechproblemen weisen oftmals auch eine Dyspraxie, also eine motorische Aufnahmestörung auf (Ayres 1984).

Schon die motorischen Handlungen in der frühkindlichen Entwicklung sollen vorbereitend für die Sprache sein. So wird davon ausgegangen, dass Saug-, Schluck- und sonstige Bewegungskoordinationen im Mundraum unter anderem als Vorbereitung für die Koordination der Sprechbewegungen dienen. Durch vielfältige Erfahrungen der Mundexploration erfolgt eine Verfeinerung und Differenzierung des Zusammenspiels von Lippen, Kiefer, Gaumen, Zunge, Hand und Finger. Dabei wird angenommen, dass dieses Zusammenspiel eine wichtige und unerlässliche Voraussetzung zum normalen Sprechen ist (Affolter 1987).

Sucht man allerdings nach empirischen Untersuchungen über den Zusammenhang von Wahrnehmung, Bewegung und Sprache im kindlichen Entwicklungsprozess, dann wird man kaum fündig werden.

Wenn überhaupt auf empirische Daten zurückgegriffen werden kann, stammen sie in erster Linie aus Untersuchungen, in denen die motorischen Fähigkeiten von Kindern mit Sprachentwicklungsstörungen überprüft wurden.

Bei dieser Zielgruppe wird dann allerdings häufiger über motorische Defizite berichtet. So beschrieben Rentz u. a. (1986) Defizite in der Grob- und Feinmotorik bei sogenannten „sprachgestörten" Schulkindern. Nach Nickisch (1988) sind zwei Drittel aller sprachauffälligen Kinder motorisch ungeschickter, als es ihrer Altersstufe entspricht.

Neue Studien zum Zusammenhang von Sprach- und Bewegungsentwicklung

Im Folgenden werden zwei neue Studien vorgestellt, die den Zusammenhang von Sprache und Bewegung nicht aus einer defizitorientierten Perspektive untersuchen. In der ersten Studie geht es um die Zusammenhänge zwischen der Entwicklung der Motorik und der Wahrnehmung sowie der Sprachentwicklung. Zielgruppe waren vier- und fünfjährige Kinder, die einen Kindergarten besuchten (vgl. Mandler & Zimmer 2006). Mit Hilfe von Sprachentwicklungs- und Motoriktests sowie Fragebögen für Erzieherinnen und Eltern gelang es hier, ein differenziertes Bild des Konnex von Sprach- und Bewegungsentwicklung zu entwerfen.

Die zweite Studie geht einen Schritt weiter: Hier ging es darum, in Kindertagesstätten den Einfluss einer bewegungsorientierten Sprachförderung auf unterschiedliche Bereiche der Sprachentwicklung drei- bis fünfjähriger Kinder zu untersuchen. Es handelt sich hierbei um eine der ersten empirischen Studien zu diesem Thema. Bemerkenswert sind auch die Ergebnisse: Sie könnten dazu beitragen, dass Sprachförderung künftig aus einer neuen Perspektive betrachtet wird.

6.1 Untersuchung über den Zusammenhang von Motorik und Sprache

Die Untersuchungsstichprobe setzte sich aus 126 Kindern aus vier Kindergärten zusammen. Die Kindergärten liegen jeweils in unterschiedlichen Stadtteilen Osnabrücks und unterscheiden sich in ihren Einzugsgebieten bezüglich der Sozialstrukturen. Dadurch nahmen sowohl Kinder aus sozial schwachen Familien als auch Kinder aus mittelständischen Familien mit eher gehobener sozialer Schicht teil. An der Untersuchung nahmen fast genauso viele Jungen (48 %, n = 60) wie Mädchen (52 %, n = 66) teil. Auch auf die Altersstufen verteilten sich die Kinder gleichmäßig.

Als Erhebungsinstrumente wurden eingesetzt:

Erhebungsinstrumente

- der Motoriktest für vier- bis sechsjährige Kinder (MOT 4-6, Zimmer & Volkamer 1987)
- der Sprachentwicklungstest für drei- bis fünfjährige Kinder (SETK 3-5, Grimm 2001)
- ein Erzieherinnen-Fragebogen
- ein Elternfragebogen

Folgende Ergebnisse zeichneten sich ab.

Zusammenhang zwischen den Leistungen im Sprachtest und den Leistungen im Motoriktest

Sowohl die Gesamtleistung des MOT 4-6 als auch die gesamtkörperliche Gewandtheit und Koordinationsfähigkeit, die feinmotorische Geschicklichkeit, das Gleichgewichtsvermögen sowie die Sprungkraft als motorische Dimensionen weisen signifikante Korrelationen zwischen den Untertests „Verstehen von Sätzen" und „Satzgedächtnis" des SETK 3-5 auf (Tab. 1). Das heißt, je höher die genannten motorischen Leistungen des Kindes, desto besser war auch die Leistung des Kindes beim „Verstehen von Sätzen" und beim „Satzgedächtnis".

Als weitere signifikante Korrelationen sind die Leistungen im Untertest „Phonologisches Arbeitsgedächtnis für Nichtwörter" und „Gedächtnisspanne für Wortfolgen" mit der feinmotorischen Geschicklichkeit auszumachen. Kinder, die bei diesen beiden Untertests des SETK 3-5 schlechter abgeschnitten haben, zeigten auch schlechtere Leistungen bei den Aufgaben des MOT 4-6 zur feinmotorischen Geschicklichkeit. Damit liegen im Bereich der Feinmotorik die meisten signifikanten Korrelationen mit der Sprachentwicklung vor.

Enge Korrelation zwischen Feinmotorik und Sprachentwicklung

Sprachvariablen 1 – 9: SETK 3-5 10 – 22: Sprachverhalten	MOT-RW	Gesamtkörp. Gewandtheit/ Koordinationsfähigkeit	Feinmotorische Geschicklichkeit
(1) Verstehen von Sätzen	.40(**)	.38(**)	.40(**)
(2) Satzgedächtnis, A	.27(*)	.27(*)	.22(*)
(3) Satzgedächtnis, B	.30(**)	.27(*)	.32(**)
(4) Satzgedächtnis, gesamt	.30(**)	.28(**)	.30(**)
(5) Phonologisches Arbeitsgedächtnis für Nichtwörter	.21(t)	.13	.29(**)
(6) Morphologische Regelbildung, A	.07	.07	.07
(7) Morphologische Regelbildung, B	.21(t)	.17	.16
(8) Morphologische Regelbildung, gesamt	.18(t)	.15	.14
(9) Gedächtnisspanne für Wortfolgen	.07	.01	.23(*)
(10) Wenn die Erzieherin das Kind anspricht, antwortet es sofort	.30(**)	.31(**)	.16
(11) Es schaut seinen Gesprächspartner an	.20(t)	.08	.20(t)
(12) Es spricht deutlich	.28(*)	.20(t)	.37(**)
(13) Es kann das, was es sagen will, verständlich ausdrücken	.30(**)	.15	.42(**)
(14) Es benutzt viele verschiedene Wörter	.28(*)	.19(t)	.41(**)
(15) Es spricht grammatikalisch richtig	.33(**)	.18	.32(**)
(16) Wenn die Erzieherin das Kind anspricht, schaut es hin, ohne zu antworten	-.05	-.08	-.07
(17) Das Kind vermeidet das Sprechen und verständigt sich durch Gesten	.21(t)	.15	-.05
(18) Das Kind stottert	-.05	-.05	-.24(*)
(19) Es spricht s-Laute falsch aus	-.09	-.02	-.28(*)
(20) Es spricht sch-Laute falsch aus	-.06	-.01	-.38(**)
(21) Es spricht t-Laute falsch aus	.09	.15	-.24(*)
(22) Es spricht v-Laute falsch aus	.01	.06	-.27(*)

Tab. 1: Korrelation der Leistungen im SETK 3-5 und dem Sprachverhalten mit den Leistungen im MOT 4-6; deutsche Kinder, SETK: n = 86, Sprachverhalten: n = 69–80 (variiert aufgrund fehlender Werte); altersunabhängige Werte; Korrelation nach Pearson

Gleichgewichts-vermögen	Reaktions-fähigkeit	Sprungkraft	Bewegungs-geschwindigkeit	Bewegungs-steuerung
.27(*)	.10	.32(**)	.18	.18(t)
.24(*)	.03	.25(*)	.04	.03
.22(*)	.10	.25(*)	.10	.06
.24(*)	.08	.26(*)	.08	.05
.15	.11	.05	.04	.07
.15	-.03	.09	-.11	.05
.17	-.09	.21(t)	.10	.13
.20(t)	-.07	.19(t)	.00	.11
.01	-.02	.06	.10	.13
.25(*)	.15	.28(*)	.30(**)	.04
.18	.17	.05	.20(t)	.01
.18	.08	.10	.28(*)	.23(*)
.24(*)	.03	.14	.23(*)	.23(*)
.22(*)	.08	.11	.26(*)	.18
.28(*)	.18	.18	.25(*)	.21(t)
.00	.02	-.08	-.20(t)	-.03
.12	.24(*)	.15	.13	.16
.09	.06	.02	-.05	-.11
.07	-.08	.03	-.27(*)	-.18
.08	.05	.11	-.13	-.20(t)
.16	-.03	.16	-.08	.10
.03	.07	.10	-.01	-.04

*** $p \leq .01$, * $p \leq .05$, t $p \leq .10$ (Tendenz)*

Zusammenhang des Sprachverhaltens mit den Gesamtleistungen im MOT 4-6 und den motorischen Dimensionen

Neben der SETK-Leistung wurden auch die Einschätzungen der Erzieherinnen zum Sprachverhalten des Kindes mit den MOT-Leistungen in Beziehung gesetzt. Besonders deutlich sind hier wiederum die Zusammenhänge des Sprachverhaltens mit der feinmotorischen Geschicklichkeit (Tab. 1). Des Weiteren sind signifikante Korrelationen von Aspekten des Sprachverhaltens mit dem Gesamtwert des MOT 4-6 und mit der Bewegungsgeschwindigkeit zu verzeichnen. Auch im Bereich der gesamtkörperlichen Gewandtheit und Koordinationsfähigkeit, des Gleichgewichtsvermögens und der Bewegungssteuerung bestehen signifikante Zusammenhänge – Kinder, die niedrigere Leistungen in den aufgeführten motorischen Dimensionen erbracht haben, wurden von ihren Erzieherinnen auch weniger kompetent in ihrem Sprachverhalten eingeschätzt.

Einschätzungen der Erzieherinnen

Zusammenfassung der Ergebnisse

Ziel der Untersuchung war es, Zusammenhänge zwischen der motorischen Entwicklung und der Sprachentwicklung bei vier- und fünfjährigen Kindern zu prüfen. Der erwartete positive Zusammenhang dieser beiden Bereiche kann aufgrund der vorliegenden Ergebnisse bestätigt werden: Kinder mit einem höheren MQ zeigen bessere Leistungen im SETK 3-5 und fallen ihren Erzieherinnen als kompetentere Gesprächspartner auf, als Kinder mit einem niedrigeren MQ.

Positiver Zusammenhang zwischen Sprach- und Bewegungsentwicklung

Besonders deutlich wurde dieser Zusammenhang für den Gesamtwert des MOT 4-6 (MQ) und für den Bereich der Feinmotorik. Bezüglich der Feinmotorischen Geschicklichkeit ergeben sich mit Korrelationskoeffizienten zwischen .23 und .42 die meisten und deutlichsten Zusammenhänge mit der Sprachentwicklung (SETK 3-5) und dem Sprachverhalten (Einschätzungen der Erzieherinnen) des Kindes. Bezüglich des Sprachverhaltens wird deutlich, dass die feinmotorische Geschicklichkeit mit den Testaufgaben zur Aussprache des Kindes signifikant korreliert. In diesem Fall liegt eine negative Korrelation vor, d. h. dass Kinder, die schlechtere Leistungen im Bereich der Feinmotorik gezeigt haben, ihren Erzieherinnen häufiger durch Störungen in der Aussprache aufgefallen sind.

Enger Zusammenhang zwischen feinmotorischer Geschicklichkeit und Aussprache

6.2 Untersuchung zur Wirksamkeit einer bewegungsorientierten Sprachförderung

Im Rahmen eines Projektes zur Gesundheits- und Bewegungsförderung in Kindertagesstätten wurde der Einfluss einer bewegungsorientierten Sprachförderung auf unterschiedliche Bereiche der Sprachentwicklung drei- bis fünfjähriger Kinder untersucht.*

Insgesamt waren an der Untersuchung 244 Kinder aus zehn Kindergärten beteiligt. Sie lagen in Niedersachsen (u. a. Osnabrück und Umgebung, Emden) und in Nordrhein-Westfalen (u. a. Duisburg, Lengerich). Die Einzugsgebiete unterschieden sich bezüglich der Sozialstrukturen: Es nahmen sowohl Kinder aus sozial schwachen Familien als auch Kinder aus Familien der mittleren und gehobenen Sozialschicht teil. Einige der Kindergärten hatten einen sehr hohen Anteil an Kindern mit Migrationshintergrund (in einem Fall betrug er ca. 90%).

Das Untersuchungsdesign

Bewegungsorientierte Sprachförderung

Der Untersuchungszeitraum betrug zehn Monate. In dieser Zeit wurden in zehn Kindergärten mit insgesamt 244 Kindern Bewegungsangebote durchgeführt, durch die insbesondere Bereiche der Sprachentwicklung (Wortschatzerweiterung, Prosodie, Phonologie und allgemeine Kommunikationsförderung) angeregt werden sollten. Die Erzieherinnen waren durch regelmäßige Fortbildungsveranstaltungen und durch schriftliche Begleitmaterialien in dieses Konzept eingeführt worden und wurden durch Projektmitarbeiter regelmäßig in ihrer pädagogischen Arbeit begleitet (Zimmer, Dzikowski & Ruploh 2007).

Erhebungsinstrumente

Zu Beginn und am Ende des Versuchszeitraumes wurde bei allen Kindern neben einem Verfahren zur Ermittlung der motorischen Fähigkeiten (MOT 4-8 Screen) (Zimmer 2008b) ein Sprachscreening durchgeführt (Sprachscreening für das Vorschulalter (SSV),

* *Das Projekt wurde gefördert durch die Gemeindeunfallversicherungsverbände Westfalen-Lippe, Rheinland und Hannover, die Landesunfallkasse Niedersachsen und die Techniker Krankenkasse*

Grimm 2003), das eine Kurzform des SETK 3-5 (Grimm 2001) darstellt. Der Test besteht aus folgenden Untertests:

Sprachscreening

1. „Phonologisches Arbeitsgedächtnis für Nichtwörter" (PGN, für drei- bis fünfjährige Kinder), mit dem die Fähigkeit erfasst werden soll, bis dahin unbekannte Lautverbindungen in das phonologische Gedächtnis aufzunehmen, zu speichern und wieder abzurufen – eine grundlegende Voraussetzung für „den Wortschatzerwerb sowie den Erwerb formal-struktureller Regelmäßigkeiten" (Grimm 2003, 16).
2. „Morphologische Regelbildung" (MR, für dreijährige Kinder), durch den „das erreichte Niveau der morphologischen Regelkompetenz [Pluralbildung]" (Grimm 2003, 17) überprüft werden soll. Phonologisches Arbeitsgedächtnis und die Fähigkeit zur morphologischen Regelbildung geben gute Hinweise auf die Sprachentwicklung von Kindern, sie differenzieren deutlich zwischen Kindern ohne Sprachauffälligkeiten und Kindern, die solche aufweisen (Grimm 2003, 17).
3. „Satzgedächtnis" (SG, für vier- bis fünfjährige Kinder), bei dem morphologisch und syntaktisch (grammatikalisch) korrekte, jedoch semantisch inkorrekte Sätze (Unsinnsätze) nachgesprochen werden müssen. Dies macht „eindeutige Aussagen über das Kenntnissystem der formalen linguistischen Regeln ohne Interferenz mit semantischen Inhalten möglich. Erst wenn diese anormalen Sätze so gut wie die normalen Sätze (1–6) reproduziert werden, haben die Kinder ein funktionierendes Regelsystem ausgebildet" (Grimm 2003, 31). Letzteres bezeichnet die Autorin als elementar zum Verstehen und Ausdrücken komplexer Sachverhalte und damit auch z. B. zum Erwerb des in der Schule vermittelten Wissens.

Kontrollgruppe

Die Kontrollgruppe setzte sich zusammen aus 135 Kindern dreier Kindergärten. Diese Kinder erfuhren keine projektspezifische Intervention, sondern erlebten den gewohnten Kindergartenalltag.

Eltern und Erzieherinnen hatten sich einverstanden erklärt, die Kinder an den Untersuchungen zu den motorischen und sprachlichen Kompetenzen teilnehmen zu lassen und erhielten anschließend die individuellen Auswertungen der Tests. Hinsichtlich der Einzugsbereiche und der Sozialstrukturen waren die Kontrollkindergärten mit den Experimentalkindergärten vergleichbar.

Ergebnisse

Im Folgenden wird eine Auswahl der Ergebnisse, die für die behandelte Fragestellung relevant sind, vorgestellt. Eine ausführliche Darstellung findet sich bei Zimmer, Dzikowski & Ruploh (2007).

Veränderung des Motorikquotienten

Motorik-Testwerte

In der Versuchsgruppe steigt der mittlere Motorikquotient (MQ) hochsignifikant ($t = -4.69$, $p \leq .01$, $n = 168$) um vier Punkte zum zweiten Messzeitpunkt, während er sich im gleichen Zeitraum, also nach etwa zehn Monaten, in der Kontrollgruppe ohne Sprachförderung durch Bewegung nicht signifikant verändert ($n = 114$; Abb. 1).

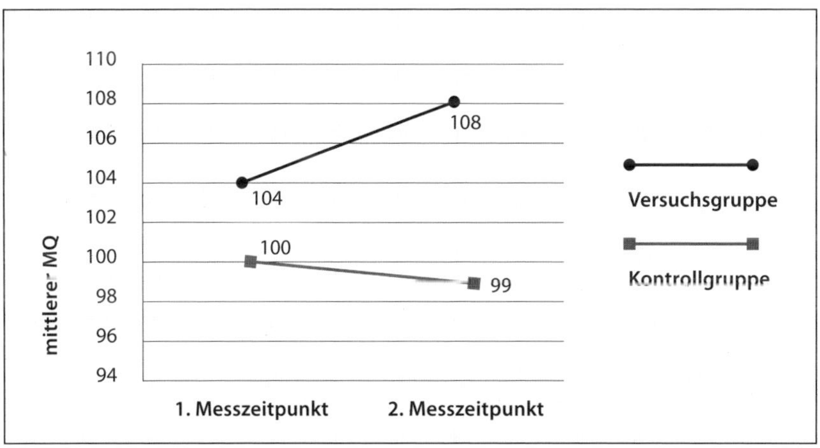

Abb. 1: Veränderungen des mittleren Motorikquotienten (MQ) zum ersten und zweiten Messzeitpunkt in Versuchs- und Kontrollgruppe

Veränderung der Sprachtestwerte (4- bis 5-Jährige)

Phonologisches Arbeitsgedächtnis für Nichtwörter

Wie in Abb. 2 dargestellt, erfahren die Leistungen der Versuchsgruppe im Untertest Phonologisches Arbeitsgedächtnis für Nichtwörter (PGN) eine statistisch signifikante Zunahme ($t = -3.20$, $p \leq .01$, $n = 101$) im Vergleich zur Kontrollgruppe. Die mittleren Werte steigen von 49 auf 54 an. Bei der Kontrollgruppe ($n = 76$) ist ein nur geringfügiger, nicht signifikanter Anstieg der mittleren Werte von 47 auf 48 zu verzeichnen.

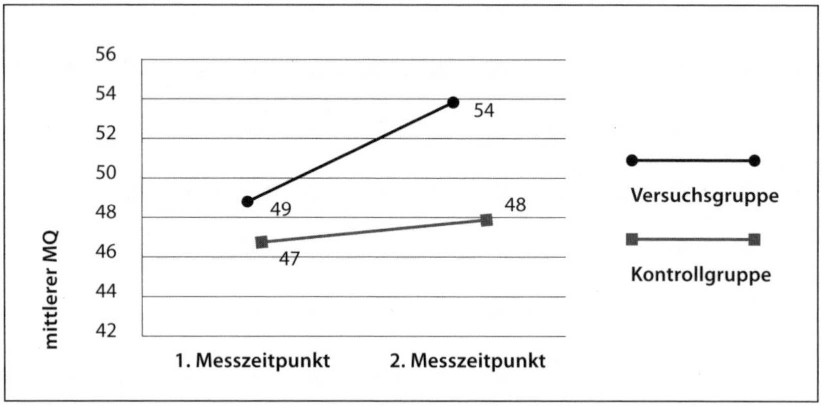

Abb. 2: Veränderung der mittleren Sprachtestwerte (SSV) im Untertest Phonologisches Arbeitsgedächtnis für Nichtwörter (PGN; T-Werte) bei 4- bis 5-jährigen Kindern zum ersten und zweiten Messzeitpunkt in Versuchs- und Kontrollgruppe

Satzgedächtnis

Der Untertest Satzgedächtnis (SG), bei dem die Kinder vorgesprochene, auch unsinnige Sätze reproduzieren müssen, soll die Kenntnis formaler linguistischer Regeln messen. Es zeigen sich in beiden Gruppen deutliche, signifikante Zugewinne (Versuchsgruppe: $t = -1.99$, $p \leq .05$, $n = 100$; Kontrollgruppe: $t = - 3.41$, $p \leq .01$, $n = 73$), die bei unterschiedlicher, mittlerer Ausgangslage in etwa gleichem Niveau münden, sodass sich die Gruppen nicht signifikant unterscheiden (Abb. 3).

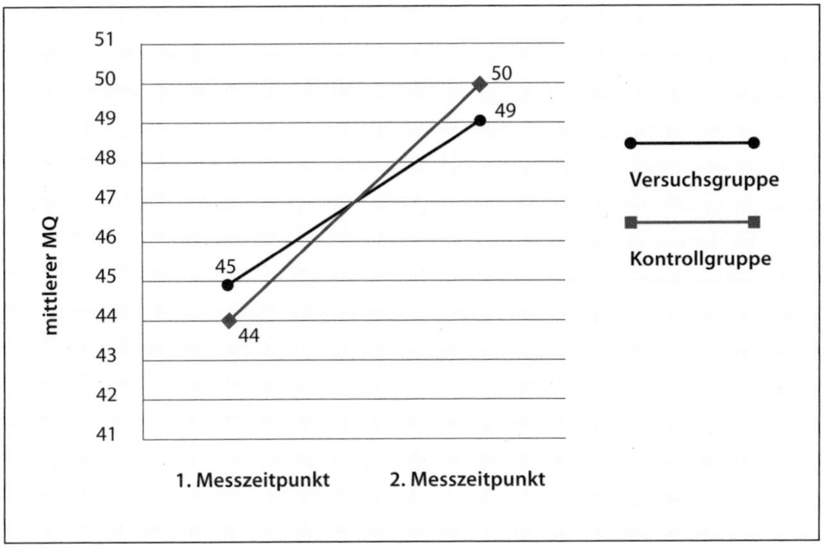

Abb. 3: Veränderung der mittleren Sprachtestwerte (SSV) im Untertest Satzgedächtnis (SG; T-Werte) bei 4- bis 5-jährigen Kindern zum ersten und zweiten Messzeitpunkt in Versuchs- und Kontrollgruppe

Zusammenhänge zwischen dem Untertest Satzgedächtnis (SG) des Sprachtests SSV und Aspekten der Lebenssituation der Kinder

In der Versuchsgruppe finden sich positive Zusammenhänge zwischen dem zur Verfügung stehenden Wohnraum der Familie, Freizeitaktivitäten, motorischem Entwicklungsstand und den beobachteten Werten des Kindes im Untertest *Satzgedächtnis* des Sprachtests (Tab. 2.). Die Korrelationen fallen insgesamt eher gering aus, mit Ausnahme der Freizeitaktivitäten ($r = .40$, $p \leq .01$): etwa 16 % der Unterschiedlichkeit der Kinder im *Satzgedächtnis* können durch den Zusammenhang mit dem Ausmaß der körperlichen Bewegung in der Freizeit erklärt werden.

Wohnraum

Freizeitaktivitäten

Medienkonsum korreliert negativ, d. h. je geringer der Medienkonsum nach Einschätzung der Erzieherinnen war, desto bessere Leistungen erzielte ein Kind in Bezug auf das Satzgedächtnis ($r = -.35$, $p \leq .01$).

Medienkonsum

Variable	Satzgedächtnis zum zweiten Messzeitpunkt
Der Familie zur Verfügung stehender Wohnraum	.24** n = 131
Medienkonsum des Kindes (TV, PC, Musik, Spielkonsolen etc.)	-.35** n = 134
Kind ist in seiner Freizeit sportlich aktiv	.40** n = 134
Motorikquotient zum zweiten Messzeitpunkt	.27* n = 139

Tab. 2: Korrelationen zwischen dem Untertest Satzgedächtnis (SG) des Sprachtests SSV und Aspekten der Lebenssituation der Kinder in der Versuchsgruppe
*Anmerkung: n = Anzahl Kinder; ** $p \leq .01$, * $p \leq .05$*

Ergebnisse bei Kindern des unteren Leistungsbereichs

Der untere Leistungsbereich umfasst alle Messwerte, die zum ersten Messzeitpunkt, also vor Beginn der Fördermaßnahme, unterdurchschnittlich sind.

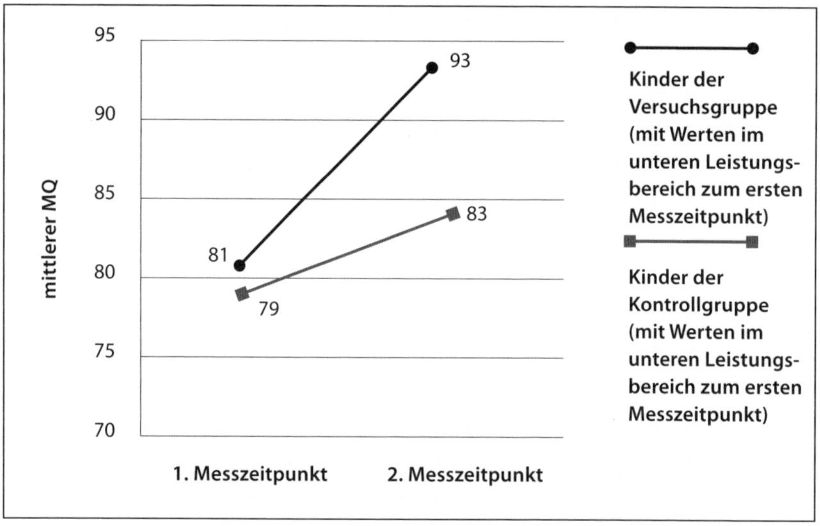

Abb. 4: Veränderungen des mittleren Motorikquotienten (MQ) zum ersten und zweiten Messzeitpunkt bei Kindern des unteren Leistungsbereichs in Versuchs- und Kontrollgruppe

Veränderung des Motorikquotienten

Der mittlere MQ in der Versuchsgruppe steigt signifikant von einem unterdurchschnittlichen Wert zu Beginn auf einen durchschnittlichen und damit nicht mehr auffälligen Wert nach Beendigung der Projektmaßnahme ($t = -3.17$, $p \leq .01$, $n = 11$), während der mittlere MQ der Kontrollgruppe, in der die Maßnahme nicht durchgeführt wurde, im kritischen Bereich verbleibt ($n = 18$; Abb. 4).

Veränderung der Sprachtestwerte (4- bis 5-Jährige)

Verbesserung schwacher Leistungen

Auffällig schwache Leistungen (untere 16%) von Kindern der Versuchsgruppe im Untertest *Phonologisches Arbeitsgedächtnis* zum ersten Messzeitpunkt verbessern sich signifikant in den durchschnittlichen, nicht-auffälligen Bereich hinein ($t = -8.71$, $p \leq .01$, $n = 30$; Abb. 5). Die mittleren Leistungen der Kinder der Kontrollgruppe steigen ebenfalls signifikant zum zweiten Messzeitpunkt ($t = -4.83$, $p \leq .01$, $n = 18$), jedoch weniger deutlich, sodass sich die Gruppen zum zweiten Messzeitpunkt signifikant unterscheiden ($t = 3.52$, $p \leq .01$).

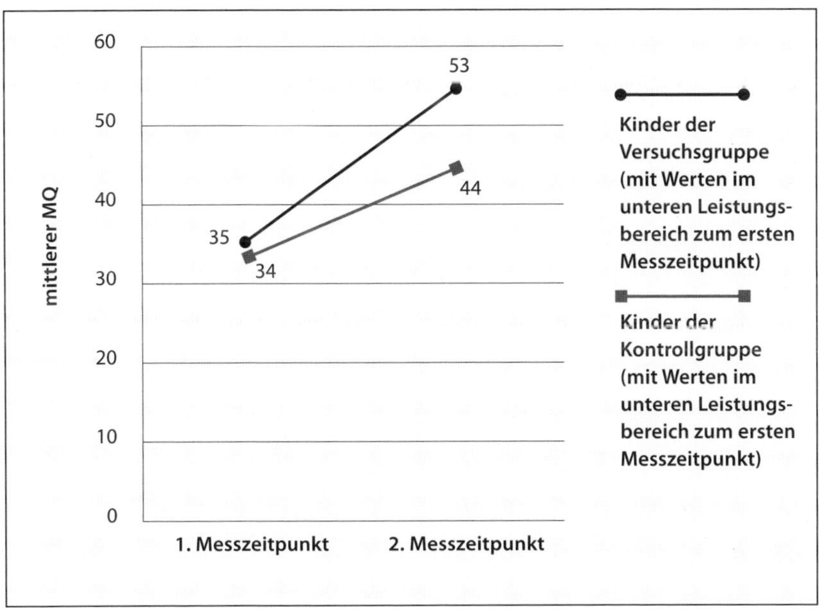

Abb. 5: Veränderung der mittleren Sprachtestwerte (SSV) im Untertest Phonologisches Arbeitsgedächtnis für Nichtwörter (PGN; T-Werte) zum ersten und zweiten Messzeitpunkt bei 4- bis 5-jährigen Kindern des unteren Leistungsbereichs in Versuchs- und Kontrollgruppe

Bei Kindern des unteren Leistungsbereichs für *Satzgedächtnis* zeigen sich sowohl in der Versuchs- wie auch in der Kontrollgruppe signifikante Verbesserungen vom auffälligen in den nicht-auffälligen, durchschnittlichen Bereich hinein (t = -8.74, n = 39 und t = -10.8, n = 34 für beide $p \leq .01$; Abb. 6).

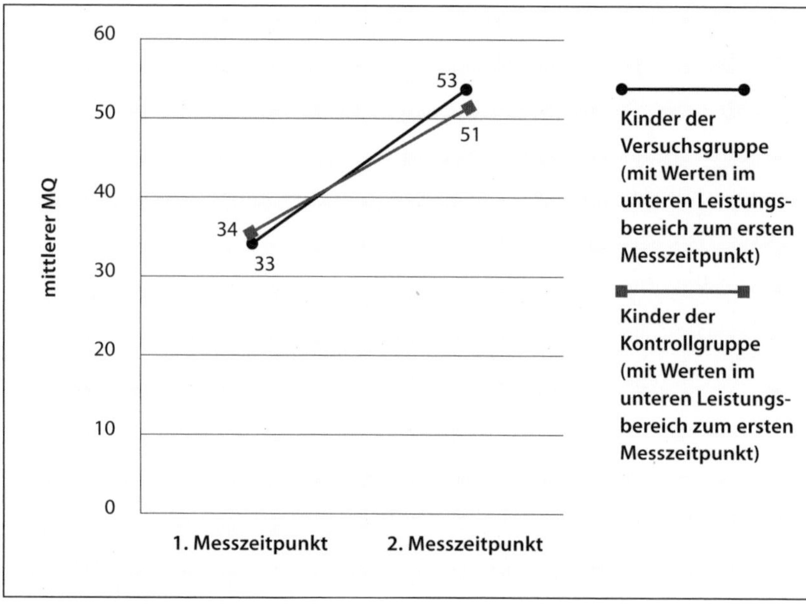

Abb. 6: Veränderung der mittleren Sprachtestwerte (SSV) im Untertest Satzgedächtnis (SG; T-Werte) zum ersten und zweiten Messzeitpunkt bei 4- bis 5-jährigen Kindern des unteren Leistungsbereichs in Versuchs- und Kontrollgruppe

Zusammenhänge zwischen dem Untertest Satzgedächtnis (SG) des Sprachtests SSV und Aspekten der Lebenssituation bei Kindern des unteren Leistungsbereichs

Wie in Tab. 3 zu sehen, sind die beobachteten Zusammenhänge oder Korrelationen in der Gruppe des unteren Leistungsbereichs größer und enger als in der Versuchsgruppe insgesamt (vgl. hierzu Tab. 2).

Der Befund des ersten Messzeitpunktes, dass, je mehr Wohnraum zur Verfügung steht, auch die Leistung im *Satzgedächtnis* umso besser ausfällt (r = .48, $p \leq .01$), wird am Ende der Fördermaßnahme bedeutungslos.

Je weniger Medien die Kinder konsumierten, desto besser schnitten sie im Untertest *Satzgedächtnis* zum zweiten Messzeitpunkt ab ($r = -.56, p \leq .05$).

Medienkonsum

Sportliche Aktivitäten in der Freizeit gehen einher mit höheren Werten in diesem Sprachuntertest ($r = .79, p \leq .01$; vgl. dazu auch die positiven Zusammenhänge mit dem MQ).

Sportliche Aktivitäten

Variable	Satzgedächtnis zum ersten Messzeitpunkt	Satzgedächtnis zum zweiten Messzeitpunkt
Der Familie zur Verfügung stehender Wohnraum	.48** n = 29	
Medienkonsum des Kindes (TV, PC, Musik, Spielkonsolen etc.)		-.56* n = 18
Kind ist in seiner Freizeit sportlich aktiv (auch: Bewegung allgemein)		.79** n = 19
Motorikquotient zum ersten Messzeitpunkt	.47* n = 24	
Motorikquotient zum zweiten Messzeitpunkt		.49* n = 18

Tab. 3: Korrelationen zwischen dem Untertest Satzgedächtnis (SG) des Sprachtests SSV und Aspekten der Lebenssituation bei Kindern des unteren Leistungsbereichs in der Versuchsgruppe
*Anmerkung: n = Anzahl Kinder, ** $p \leq .01$, * $p \leq .05$*

Bewertung der Maßnahme durch die Erzieherinnen

„Das Projekt Gesundheits- und Bewegungsförderung in Kindertagesstätten in meiner Einrichtung war effektiv."

Insgesamt 84 % der Erzieherinnen, die die Maßnahme der Sprachförderung durch Bewegung durchgeführt hatten, fanden diese Aussage völlig oder eher zutreffend. 16 % von ihnen stimmten zum Teil zu. Keine Teilnehmerin gab an, diese Aussage sei eher nicht oder überhaupt nicht zutreffend (Abb. 7).

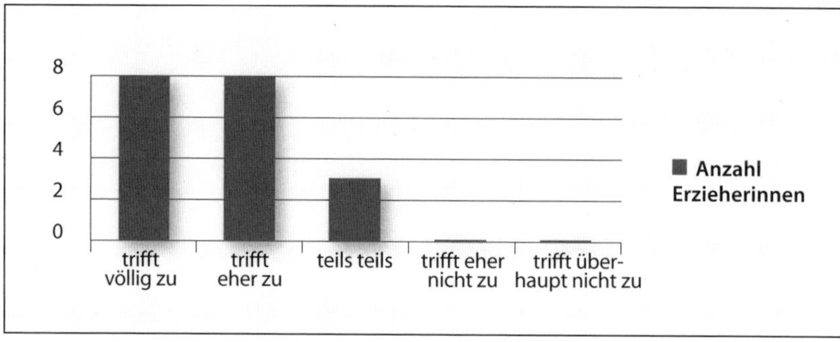

Abb. 7: Bewertung der Aussage „Das Projekt Gesundheits- und Bewegungsförderung in Kindertagesstätten in meiner Einrichtung war effektiv" durch die Erzieherinnen in absoluten Häufigkeiten

„Ich habe bei den Kindern deutliche positive Wirkungen durch das Programm feststellen können."

90 % der Befragten stimmten dieser Aussage völlig oder eher zu. Nur 10 % kreuzten die Antwortalternative „teils, teils" an. Keine Person gab an, diese Aussage treffe eher nicht oder überhaupt nicht zu (Abb. 8).

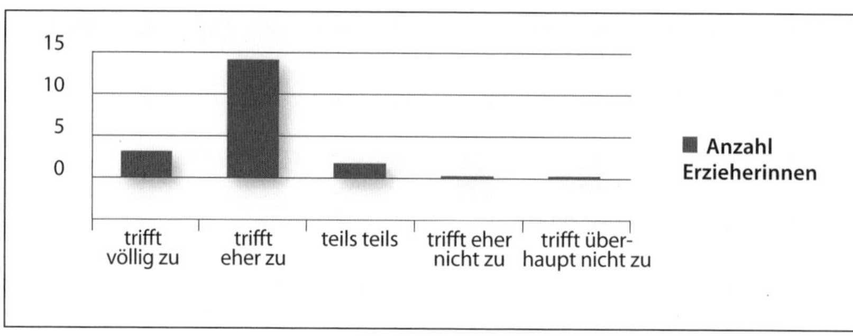

Abb. 8: Bewertung der Aussage „Ich habe bei den Kindern deutliche positive Wirkungen durch das Programm feststellen können" durch die Erzieherinnen in absoluten Häufigkeiten

Zusammenfassung der Ergebnisse

Die Auswertung der gewonnenen Daten ergibt deutliche Hinweise darauf, dass die Kinder von dem Konzept *Sprachförderung durch Bewegung* profitierten. Sie verbesserten sich im Vergleich zur Kontrollgruppe deutlich in ihrem *Motorikquotienten* (als Maß für den motorischen Entwicklungsstand) und in *Phonologisches Arbeitsgedächtnis für Nichtwörter* (als ein Maß für Sprachentwicklung). Ebenfalls positiv, ähnlich wie in der Kontrollgruppe, entwickelten sich die Werte für *Satzgedächtnis* (ein weiterer Untertest des Sprachtests).

Auffallende Verbesserungen zeigten sich bei denjenigen Kindern, deren Werte zum ersten Messzeitpunkt zu den unteren 16% ihrer Altersgruppe gehörten in Bezug auf den motorischen Entwicklungsstand und das phonologische Arbeitsgedächtnis, welches eine bedeutsame Komponente der Sprachentwicklung darstellt. Die Werte dieser Gruppe verbesserten sich bezüglich des Motorikquotienten im Mittel in den nicht-auffälligen oder durchschnittlichen Bereich hinein, während diejenigen der Kontrollgruppe im kritischen Bereich verblieben. Auch in Bezug auf das phonologische Arbeitsgedächtnis fielen die Ergebnisse der Sprachfördergruppe signifikant höher aus als die der Kontrollgruppe, obwohl die Kinder dieser Gruppe z. T. im Untersuchungszeitraum an anderen (Sprach-) Förderprogrammen teilgenommen hatten.

Insgesamt können die Befunde als Hinweis auf die Wirksamkeit bewegungsorientierter Sprachförderung gedeutet werden. Gestützt wird diese Annahme durch die im Rahmen der abschließenden Evaluation erfragte Bewertung des Programms durch die beteiligten Erzieherinnen.

7. Vom Bewegungshandeln zum Sprachhandeln

An zwei unterschiedlich hohen Reckstangen sind mehrere Bänke eingehängt, die Kinder klettern auf der einen Seite hinauf und rutschen auf der anderen Seite die Bänke hinunter. Manche nehmen auch Teppichfliesen hinzu, auf die sie sich beim Rutschen setzen. Lukas steht oben auf der Kastentreppe, die auf die Bänke führt. Er hält mit beiden Händen einen Pylon (Verkehrshütchen) wie eine Trompete vor den Mund und ruft: „Achtung – Türen schließen – der Zug fährt gleich ab!"

Die Pädagogin fordert ihn auf. „Los, Lukas, willst du nicht auch mal rutschen?"

Lukas: „Ich kann nicht rutschen, ich bin doch der Lautsprecher!"

Die Spielsituation regt die Kinder an, mit Sprache kreativ umzugehen, der Lautsprecher ist im wahrsten Sinne des Wortes ein „Laut-

Sprecher“. Die Situation wird durch die Kommentare jedoch auch gedeutet, in eine bestimmte Richtung gelenkt: Der „Lautsprecher“ deutet die Gerätekombination als Bahnhof, und daraus ergeben sich Handlungsaufforderungen für die rutschenden Kinder, die als Züge – Schnellzüge, Regionalbahn, IC-Züge, Autozüge, Güterzüge, Nachtzüge – jeweils ihr Rutschen verändern: schnell, langsam, mit Sandsäckchen auf dem Rücken, auf dem Bauch liegend oder mit geschlossenen Augen (Nachtzug). Bewegung und Sprache gehen ineinander über – sie beeinflussen sich gegenseitig. Bewegung begleitet das sprachliche Handeln, Sprache begleitet das Bewegungshandeln.

7.1 Bewegungsaktivitäten sind Sprachanlässe

Die oben beschriebene Situation macht deutlich: Bewegungsaktivitäten können zu Sprachanlässen werden, ebenso können sprachliche Äußerungen des Kindes Bewegungssituationen in einer besonderen Weise deuten und damit wieder zu neuen Bewegungsanlässen werden.

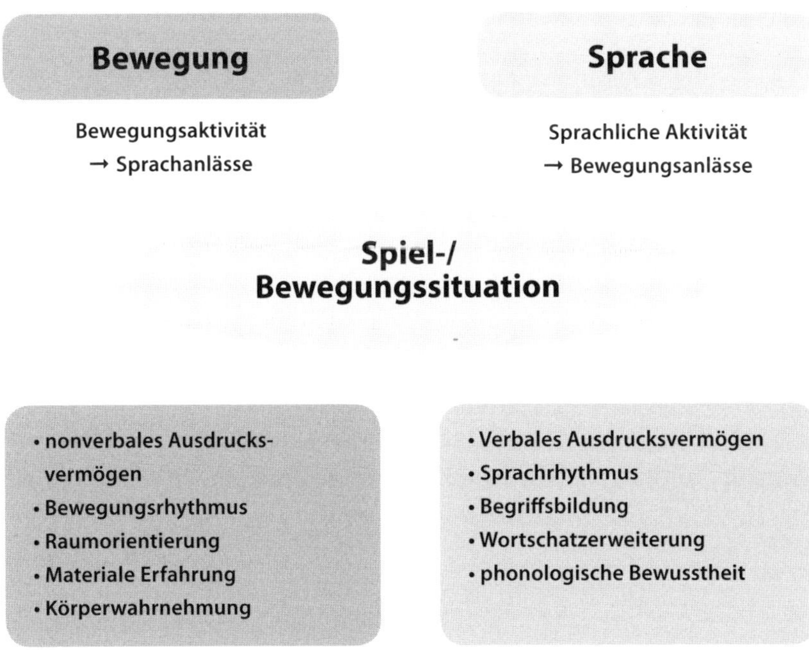

Sowohl auf der Ebene der Bewegung als auch hinsichtlich der sprachlichen Interaktionen ergeben sich aus dem oben beschriebenen Bewegungsarrangement eine Reihe von Anlässen: Die Bänke sind in verschiedenen Höhen an der Reckstange eingehängt, sie sind zudem verschieden breit (zwei dicht nebeneinander aufgehängte Bänke, eine einzelne Bank). Die Kinder bleiben nicht bei einer Bank, sondern wechseln von der breiten zur schmalen, von der flachen zur steileren Bank.

Pädagogin: „Und – welche Rutsche willst du nehmen?"
Leon: „Die da, die breite Rutsche."
Frederik: „Das is 'ne Turborutsche – so schnell wie die geht, bist drauf, ab geht's!"
Pädagogin: „Was ist denn schneller, die steile oder die flache?"
Frederik: „Klar die steile, die flitzt!"

Bei einer Analyse der Bewegungssituation unter dem Aspekt, wie Sprache und Bewegung herausgefordert werden, welche Sprach- bzw. Bewegungsanlässe sich entsprechend dem oben angeführten Schema ergeben, treten folgende Szenen hervor:

Nonverbales / verbales Ausdrucksvermögen

Situationsanalyse

Lukas spielt den „Lautsprecher". Als Ansager muss er eine exponierte Körperposition einnehmen, er steht an erhöhter Stelle, formt die Hände zu einem Trichter oder nimmt den Pylon zu Hilfe. Seine Ansage muss laut und deutlich sein, er ist eben ein „Laut"-sprecher. Auch die Durchsagen auf dem Bahnsteig sind knapp formuliert. „Achtung, zurücktreten – der Zug fährt ab", kommentiert er bei jedem Kind, das die Rutsche herunterrutscht.

Oder er sagt: „Bitte nicht drängeln", als vor der Rutsche einige Kinder sich den nächsten Platz streitig machen. In seiner Rolle gewinnt er Autorität, die in seiner Körperhaltung, aber auch in seinen Redewendungen zum Ausdruck kommt.

Bewegungsrhythmus / Sprachrhythmus

Zum Abschluss der oben beschriebenen Bewegungsstunde greift die Pädagogin das „Zugspiel" noch einmal auf: Die Kinder erhalten jeweils zwei Teppichfliesen, die sie mit der flauschigen Seite nach unten legen und darauf rutschen. Der Impuls zur Fortführung des Zugspiels kommt diesmal von der Pädagogin. Sie regt die Kinder an, zu zweit oder zu dritt hintereinander auf den Teppichfliesen über den Boden zu gleiten: Wie ein Zug mit einer Lokomotive und einem Waggon. Der Zug macht Geräusche „Zsch Zsch Zsch Zsch …" – der Rhythmus der mit der Stimme erzeugten Laute korrespondiert mit dem Bewegungsrhythmus. Die Kinder stellen sich in der gemeinsamen Fortbewegung aufeinander ein, sie müssen die eigenen Bewegungen an die der anderen anpassen, wenn sie auf den Teppichfliesen vorankommen wollen. Nach dem „Zsch Zsch Zsch" ertönt von der Lokomotive ein „Tüüüüt" – das heißt abbremsen, stehen bleiben.

Raumorientierung / Begriffsbildung

Die Kinder rutschen auf den Bänken *abwärts*, sie laufen die Bänke wieder *aufwärts* – sie nutzen die *schmalen*, die *breiten* Bänke, die *steilen* wie die *flachen*. Die Pädagogin fragt: „Wohin fährt der Zug auf der *steilen* Bank?" „Nach Hamburg", schlagen die Kinder vor, der Zug auf der *flachen* Bank fährt nach München. Ab jetzt müssen die Kinder beim „Fahrtantritt" sagen, wohin der Zug fährt. Da sie die Bänke wechseln, erfordert dies eine permanente Orientierung im Raum. Mal rutschen sie mit dem Kopf nach unten, mal in der Bauch- oder in der Rückenlage – immer wieder bringt das neue Raumperspektiven mit sich.

Gleichzeitig werden Begriffe bewusst: *steil, flach, breit, schmal.* Die Pädagogin fragt:

„Haben Sie einen Fahrschein für die *breite* Bahn oder für die *schmale* Bahn?"

„Wollen Sie nach München oder nach Hamburg?"

„Fährt Ihr Zug auf dem *steilen* Gleis oder auf dem *flachen*?"

Rollenübernahme

Begriffsbildung und Raumorientierung ergänzen sich und werden im Bewegungshandeln geübt – ohne dass dies zu einem „Übungsprogramm" wird.

Die Anrede „Sie“ macht jeweils den Rollenwechsel deutlich: Von der Pädagogin zum Schaffner oder zum Bahnhofsvorsteher, vom Kind zum Fahrgast oder zum Zug.

Materiale Erfahrung / Wortschatzerweiterung

Die Kinder erfahren beim Rutschen, wie das Bewegungstempo sich in Abhängigkeit von der Neigung der Bank verändert: Auf der steilen Bank geht es schnell abwärts, gesteigert wird das Tempo noch durch eine Teppichfliese als Unterlage. Auf der flachen Bank muss man sich mit den Händen anschieben, um voranzukommen. Die Kinder nehmen die materialen Eigenschaften der Gegenstände, mit denen sie umgehen, wahr, erkennen Unterschiede und stellen sich in Bewegung darauf ein. Sie erweitern ihren Wortschatz, indem sie Verben der Fortbewegung (rutschen, fahren, bremsen, anhalten, klettern) oder auch Adjektive wie schnell – langsam, hoch – tief, breit – schmal als Gegensatzpaare bewusst unterscheiden.

Verben der Fortbewegung

Adjektive

Körperwahrnehmung

In der Bauchlage rutschen, im Sitzen, in der Rückenlage – immer wird das Gleichgewicht auf eine besondere Art herausgefordert und der Körper in den verschiedenen Lagen jeweils anders wahrgenommen. Die Kraft und die Dynamik beim Aufsteigen, der Wechsel zwischen der Anspannung des Körpers beim Rutschen auf der steilen Bank und der Entspannung bei der Landung auf der Weichbodenmatte werden bewusst und lustvoll erlebt.

Phonologische Bewusstheit

Das Zugspielen regt zu Sprachspielen an, die die Aufmerksamkeit für Laute und Lautverbindungen weckt und die Fähigkeit zur Lautdifferenzierung unterstützt.

Schwierige Laute werden in der Aussprache geübt: „Zsch Zsch Zsch …“

Sprachspiele

Darüber hinaus erfinden die Kinder Sprachspiele, wenn sie sich in einer Reihe durch den Raum bewegen und den langen Zug bei jedem Vers um ein weiteres Kind der Gruppe (um einen Waggon) erweitern:

„Ri-ra-rutsch die Eisenbahn,
wer will mit nach Kölle fahrn?
Stellt euch einfach hinten an,
jetzt ist die (Mareike) dran.“

In all diesen Spiel- und Bewegungssituationen bestimmen die Kinder den Sinn ihres Handelns selbst, die Pädagogin unterstützt und begleitet sie in ihren Spielideen, nutzt diese aber auch für sprachliche Impulse.

Bewegungsaktivitäten der Kinder können von der Pädagogin gezielt für die Förderung der sprachlichen und kommunikativen Fähigkeiten genutzt werden, indem sie in komplexe Spielhandlungen eingebunden werden. Die Spielhandlung wird sprachlich gedeutet – und bietet damit viele Chancen für eine erlebnisreiche Sprach- und Bewegungsförderung.

Kognitive Strukturierung

Sowohl die Bewegungsaktivitäten als auch die sprachlichen Aktivitäten des Kindes werden angeregt durch eine Wechselwirkung von Bewegungshandlungen, sprachlichen Angeboten und ihrer kognitiven Bewusstmachung. Die Fragen der Pädagogin (Die breite oder die schmale Bank? Fährt der Zug rauf oder runter?) helfen dem Kind, die Situation auch kognitiv zu strukturieren. So wird das Sprachverständnis unterstützt, das die Grundlage und Voraussetzung für einen aktiven Sprachgebrauch bildet.

7.2 Elementare Bewegungs- und Sprachhandlungen

Bewegung vermittelt dem Kind Erfahrungen über seinen eigenen Körper, sie bietet Chancen für Interaktion und Kommunikation. Bewegung vermittelt aber auch materiale Erfahrungen, indem das Kind z. B. lernt, sich mit den räumlichen und dinglichen Gegebenheiten der Umwelt auseinanderzusetzen und sich den Gesetzmäßigkeiten der Objekte, mit denen es umgeht, anzupassen. Bewegung ermöglicht darüber hinaus intensive soziale Erfahrungen, indem Kinder z. B. mit-, aber auch gegeneinander spielen, indem sie sich im gemeinsamen Tun an Regeln halten und ggf. selbst Regeln aufstellen, indem sie miteinander interagieren und kooperieren (vgl. Zimmer 2008b).

Im Folgenden soll aufgezeigt werden, wie diese inhaltlichen Lern- und Erfahrungsbereiche der

Erfahrungsbereiche

- Körpererfahrung,
- materialen Erfahrung,
- sozialen Erfahrung

zur Kommunikation herausfordern, zum Sprechen anregen, von Sprache begleitet werden und damit die Sprachentwicklung unterstützen. Exemplarisch werden dabei die den Bewegungshandlungen korrespondierenden Sprachhandlungen aufgezeigt (vgl. auch Zimmer 2005, 2006).

7.2.1 Körpererfahrung

Sich und seinen Körper wahrzunehmen, eine Vorstellung vom eigenen Körper, seinen Grenzen und Ausmaßen zu entwickeln, sich der Ausdrucksmöglichkeiten bewusst zu werden – diese elementaren Erfahrungen bilden die Basis für den Aufbau eines Bildes von sich selbst. Die Orientierung im Raum beginnt mit der Orientierung am eigenen Körper.

Sensibilisierung der Sinne

Voraussetzung für die Wahrnehmung des eigenen Körpers ist die Sensibilisierung der Sinne. Durch eine gut funktionierende Sinneswahrnehmung wird das Kind aufmerksam für das, was in seinem Körper und im Kontakt seines Körpers mit der Umwelt geschieht. Körpererfahrungen sind daher eng gebunden an die Sensibilität der kinästhetischen, visuellen, taktilen, auditiven und vestibulären Sinneswahrnehmungen (vgl. Zimmer 2008c).

Anspannung und Entspannung

Die Regulierung körperlicher Anspannung, das Erleben von Erschöpfung und Ermüdung, aber auch das Genießen von Ruhe und Entspannung gehören zu den wichtigen Erfahrungen, die Kinder in Bewegungssituationen machen können.

Diese körperlichen Erlebnisse und Erfahrungen stehen nicht immer ausdrücklich im Mittelpunkt der Bewegungshandlungen, oft laufen sie unbewusst ab. Deswegen kann es manchmal sinnvoll sein, sie – sprachlich – zu reflektieren und sich dadurch ihrer überhaupt erst einmal bewusst zu werden.

Einen unmittelbaren Bezug zur Sprachentwicklung haben u. a. auch das Erleben und die Modulation der eigenen Stimme in Rollenspielen, die Regulation des Atmens bei Entspannungsaufgaben oder das Experimentieren mit körpereigenen Instrumenten.

Erleben von Stimme und Atem

So ergeben sich im Kontext der Körpererfahrung folgende Möglichkeiten einer Begegnung von Bewegungshandlungen und Sprachhandlungen:

Bewegungshandeln	**Sprachliches Handeln**
Eine Vorstellung vom eigenen Körper entwickeln	Körperteile benennen, unterscheiden
Körperwahrnehmung bei Ausdauerspielen, Atemübungen	Den eigenen Atemraum erleben, das Atmen bewusst wahrnehmen
Wahrnehmung von Muskelspannung und Entspannung	Begriffe aufgrund von Vorstellungsbildern verstehen
Sich im Raum orientieren, Entfernungen einschätzen	Begriffe (z. B. weit – nah) unterscheiden, in ihrer Bedeutung erfahren
Pantomimische Spiele	Sich im nonverbalen Ausdruck üben
Akustische Reize/Informationen wahrnehmen, differenzieren, einordnen, darauf reagieren	Auditive Wahrnehmung als Voraussetzung für Sprachentwicklung verfeinern
Körpereigene Instrumente erproben: schnipsen, summen, schnalzen, zischen etc.	Die Ausdrucksfähigkeit der eigenen Stimme und des Körpers erleben
Erleben des Körpers in der Zeit: schnelle – langsame Bewegungen durchführen	Begriffe wie schnell und langsam unterscheiden, artikulieren, beschreiben
Rhythmische Spiele, zu rhythmischen Vorgaben Bewegungsformen finden	Sprachrhythmus und Bewegungsrhythmus aufeinander abstimmen, rhythmische Verse zur Bewegung finden, Nachsprechen von Reimen
Die Kraft der eigenen Bewegung erfahren und dosieren	Begriffe wie schwer und leicht verstehen und unterscheiden

7.2.2 Materiale Erfahrungen

Bewegung wird vom Kind nicht nur aus Lust an der Tätigkeit betrieben, sondern ist in der Regel auch von seinem Erkenntnisinteresse gesteuert. Es lernt die Eigengesetzlichkeit der Dinge und Objekte, mit denen es sich bewegt, kennen, findet heraus, warum ein Ball vom Boden springt und wie man das durch die eigene Bewegung unterstützen kann. Bewegungshandlungen sind daher oft mit Strategien der Problemlösung verbunden: Führt der eingeschlagene Weg zum Ziel? Welche alternativen Möglichkeiten stehen zur Verfügung? Was ist die Ursache für eine Wirkung, für einen sichtbaren, spürbaren Effekt? Der Gummiball prellt vom Boden hoch, der Stoffball rollt lautlos über den Boden, der Luftballon fliegt. Voraussetzung für diese Erfahrungen sind explorative Handlungen, bei denen das Kind sich ein Bild von der Beschaffenheit und Gesetzmäßigkeit der Dinge macht und es im eigenen Tun überprüft. Beim Suchen nach Lösungsmöglichkeiten kann es die eigenen Handlungen variieren und dabei die Bewegung als Mittel zum Zweck einsetzen.

Gesetzmäßigkeiten erproben

Die Pädagogin kann das Bewegungshandeln des Kindes sprachlich kommentieren. Die Aufmerksamkeit des Kindes ist auf die Sache gerichtet, Sprache dient der Vergewisserung, der Bewusstmachung des erlebten Effektes. Verursacher eines Effektes zu sein heißt auch, sich der Regelhaftigkeit des Vorgangs bewusst zu sein, damit generalisierbare Erfahrungen entstehen. Die Materialerkundungen werden sprachlich begleitet, Gegenstände werden beschrieben, ihre Funktion reflektiert, Tätigkeiten und Aktivitäten sind mit Erkenntnissen, aber auch mit sprachlichen Äußerungen verbunden.

Effekte bewusst machen

Celina erprobt z. B. das Pedalo: Sie setzt sich auf die obere Trittfläche, die sich durch das Gewicht nach unten bewegt, Celina wechselt wieder zur oberen – und wieder geht es nach unten. Diesen Vorgang wiederholt sie immer wieder und kommentiert:

„Geht dann runter“,
„Schon wieder runter“,
„Geht wieder runter,
„Jetzt geht das andere runter“.

Bewegungshandeln	Sprachliches Handeln
Den Raum erkunden: erfahren, klettern, laufen, kriechen, springen	Raumbegriffe benennen: unten – oben, hinten – vorne, über – unter
Materiale Eigenschaften eines Gerätes erkennen und die eigenen Bewegungshandlungen daran anpassen	Materiale Eigenschaften benennen, unterscheiden (der Ball springt, rollt, fliegt, prellt, bleibt liegen)
Zeitliche Strukturen der Bewegung erkennen, die eigene Bewegung einem vorgegebenen Rhythmus anpassen, schnell – langsam laufen	Sprachrhythmus und Bewegungsrhythmus aufeinander abstimmen, rhythmische Verse zur Bewegung finden
Räumliche Orientierung, Einschätzen von Entfernungen	Begriffe (z. B. weit – nah) in ihrer Bedeutung erfahren
Ursache und Wirkung erfahren und in der Bewegung berücksichtigen, Wenn-Dann-Regeln aufstellen und überprüfen (wenn ich den Ball auf den Boden fallen lasse, springt er wieder hoch)	Wenn-Dann-Regeln sprachlich formulieren
Pläne mit Hilfe von Bewegung verwirklichen	Pläne verbalisieren
Physikalische Beschaffenheit erkennen	Beschaffenheit benennen, Begriffe finden und/oder erfinden
Motorisches Problemlösehandeln	Verbales Problemlösehandeln
In Fantasierollen schlüpfen	Fantasierollen mit der eigenen Stimme inszenieren; Rollen mitteilen, dem Spielpartner erklären

7.2.3 Soziale Erfahrungen

Bewegungsspiele regen den sozialen Austausch der Kinder untereinander an, sie spielen mit-, aber auch gegeneinander, streiten und vertragen sich, geben nach, setzen sich durch, verabreden Regeln.

Max will Leon zum Fang-Versteckspiel überreden und erklärt ihm die Regel: „Da muss der eine sich verstecken, und dann muss der andere zählen, und dann muss der sich verstecken und dann muss der andere den suchen, und dann muss der den fangen."

Regelhaftes Zusammenspielen ist auf Sprache angewiesen

Regeln und Rollen aushandeln

Zu den grundlegenden sozialen Fähigkeiten gehört es, sich in einen anderen hineinzuversetzen, seine Perspektive einzunehmen, verschiedene Rollen zu übernehmen und diese sprachlich wie handelnd in der jeweiligen (Bewegungs-)Situation umzusetzen. Regeln sind für jedes Spiel erforderlich. Sie müssen sprachlich kommuniziert, ausgehandelt, erklärt, abgeändert werden.

Perspektiven wechseln

In Rollenspielen müssen die Spielpartner ihre Rollen aushandeln. Die Rollen sind komplementär: Wo ein Auto abgeschleppt werden soll, muss es auch einen „Abschlepper" geben, für ein Fangspiel bedarf es eines Fängers und eines „Läufers".

Kinder entfalten ihr Sprachpotenzial in Handlungszusammenhängen, die ihnen selbst wichtig erscheinen. Situative, aber auch bewusst inszenierte Bewegungsangebote stellen solche individuell bedeutsamen Handlungszusammenhänge dar. Sie bieten Kindern Anlässe zum Sprechen, zum Erweitern und Differenzieren ihres Sprachvermögens. Über Bewegungsspiele können sprachliche Lernprozesse provoziert werden. Eine Spielidee liefert den Anlass für Bewegungshandlungen wie auch für Sprachhandlungen. Situationen werden „versprachlicht". Damit sind Spielhandlungen zugleich komplexe Sprachlernsituationen.

Bewegungshandeln	Sprachliches Handeln
Spiele mit Regeln spielen	Regeln benennen, Sinn verstehen, Regeln vereinbaren, sich abstimmen
Dominante/unterlegene Rollen übernehmen (führen – folgen)	Rollen aushandeln, absprechen; Wünsche äußern, Bedürfnisse formulieren
Gemeinsam eine Aufgabe ausführen, kooperieren	Sich über das gemeinsame Ziel einigen, Strategien absprechen
Gemeinsam bauen, konstruieren	Sich austauschen, absprechen, Konsequenzen abwägen
Pläne gemeinsam verwirklichen	Pläne verbalisieren
Miteinander, gegeneinander, füreinander, zueinander	Begriffe erklären, erfassen, unterscheiden, verstehen
Die Perspektive des anderen beim Spielen berücksichtigen	Die Perspektive des anderen sprachlich berücksichtigen
Kooperatives Handeln (miteinander etwas tun)	Kooperatives Aushandeln (sich absprechen über das gemeinsame Tun)
In Spielrollen schlüpfen, in Rollen agieren, interagieren	Rollen sprachlich symbolisieren
Imitieren – Bewegungen imitieren, nachahmen	Sprachvorbilder nachahmen
Über ein Gerät mit anderen Kontakt aufnehmen	Nonverbale Körpersignale erkennen und verstehen
In Spielen agieren und interagieren	Rollen sprachlich symbolisieren

8.

Praxisbeispiele – Voraussetzungen für den Spracherwerb

Man braucht ein Kind normalerweise weder zum Sprechen noch zum Sich-Bewegen aufzufordern. Es redet, plappert, singt und erzählt ganz von alleine – genauso wie es rennt, hüpft, über Gräben springt und auf Mauern balanciert. Dennoch kann man die Entwicklung von Sprache und Bewegung nicht einfach sich selbst überlassen und davon ausgehen, dass das Kind sich „schon irgendwie" normal entwickeln wird. Zu viele Kinder gibt es nämlich, deren Weg zu einem guten Spracherwerb aus unterschiedlichen Gründen nicht problemlos verläuft, die auch in der Motorik Schwierigkeiten haben und die Bewältigung des Alltags nicht aus eigener Kraft schaffen. Außerdem entwickeln sich sowohl Sprache und Motorik in der Auseinandersetzung mit der Umwelt, es bedarf eines anregenden Lernmilieus, um das Potenzial, das in den Kindern steckt, auch optimal entfalten zu können.

Anregende Lernumgebung

Dabei gilt es vor allem, die Sprachlernmotivation des Kindes anzufachen, das Interesse am kreativen Umgang mit Sprache zu wecken bzw. zu erhalten und die Sprechfreudigkeit zu unterstützen.

Sprachförderung im Kindergarten muss kein isoliertes Programm sein, das keinen Bezug zu anderen wesentlichen Bildungsbereichen der Frühpädagogik und zu den alltäglichen Themen des Kindergartens hat. Die in diesem Buch vorgestellten Praxisbeispiele zeigen auf, wie man Sprachförderung in den Alltag integrieren kann und geben der Erzieherin gleichzeitig Anhaltspunkte, wie sie systematisch sprachanregende Aktivitäten anbieten kann. Es werden Sprechanlässe genutzt, die sich aus den Bewegungsaktivitäten der Kinder ergeben, es werden jedoch auch bewusst Spielsituationen zur Integration von Bewegung und Sprache aufgesucht.

Ganzheitliche Sprachförderung

Im Folgenden werden Beispiele vorgestellt, wie die in Kapitel 5 aufgeführten Voraussetzungen für den Spracherwerb unterstützt werden können.

Jedes Praxisbeispiel ist nach dem gleichen Schema aufgebaut: In einer Übersichtsleiste werden die Ziele, die mit dem Beispiel angestrebt werden, aufgeführt. Nach der Beschreibung der Spielidee und der Angabe des Materialbedarfs werden im „didaktischen Kommentar" Hinweise darauf gegeben, worauf die Erzieherin bei der Vermittlung besonders achten sollte, welche Anregungen sie den Kindern geben kann und welche Sprachanlässe sich ggf. in der Spielsituation ergeben. Beispiele zur Variation der Spielidee schließen die Beschreibung ab.

8.1 Die Atmung spüren

Sprechen und Atmen stehen in einem direkten Zusammenhang; nur wenn wir tief und ruhig atmen, ist auch ein gleichbleibender Sprechfluss möglich.

Normalerweise beachten wir unsere Atmung nicht, nur wenn wir uns sehr anstrengen, geraten wir „außer Atem", vor Schreck bleibt uns die Luft weg, beim schnellen Laufen beginnen wir zu „schnaufen" und spüren, wie unsere Atmung sich verändert. Man kann die Atmung jedoch auch bewusst wahrnehmen und dabei spüren, was es heißt, ruhig und gleichmäßig zu atmen und tief Luft zu holen.

Die Aufmerksamkeit auf die Atmung zu legen ist bei Kindern am ehesten zu erreichen durch Spielsituationen, in denen sie die Wirkung des Atmens – insbesondere des Ausatmens – beobachten können.

Ziel der folgenden Spielanregungen ist es, den Atem bewusst wahrzunehmen, ihn zu regulieren, zu spüren, was der Atem bewirken kann, wie man ihn dosieren kann: Beim Pusten erfolgt eine bewusste Atemführung, was auch der Vorbereitung der Bildung bestimmter Laute in unserer Sprache dient. So erfordern z. B. die Laute ‚f', ‚s', ‚h', und ‚sch' einen kräftigen, anhaltenden Luftstrom.

Atmung

☐ Auditive Wahrnehmung	☐ Körpersprache	☐ Prosodie
☐ Visuelle Wahrnehmung	☐ Mundmotorik	☑ Wortschatz
☑ Taktile Wahrnehmung	☑ Atmung	☐ Phonologisches Bewusstsein
☐ Kinästhetische Wahrnehmung	☐ Konzentration	☐ Syntax / Morphologie
☐ Vestibuläre Wahrnehmung	☑ Koordination	☐ Kommunikation

WATTEKUGEL-PUSTEN

Material: kleine Wattebäusche, Wattekugeln, Tische

Die Kinder haben jeweils eine kleine Wattekugel, legen sie auf ihre Hand. Sie versuchen, den Wattebausch durch kräftiges Pusten in Bewegung zu bringen.

Wie kann man das Pusten dosieren, sodass die Wattekugel zwar in Bewegung gerät, aber nicht auf den Boden fällt?

Jeder sucht sich einen Partner, beide stellen sich gegenüber an einem Tisch auf und pusten sich den Wattebausch jetzt gegenseitig zu. Jeder muss darauf achten, dass die Wattekugel nicht vom Tisch fällt. Geht das auch, ohne die Hände zu benutzen?

Didaktischer Kommentar

Die Kinder erkennen die Wirkung ihres Atems an der Bewegung der Wattekugel. Auch das Auspusten einer Kerze kann die Wirkung anschaulich vor Augen führen, allerdings sind Variationen und Wiederholungen dabei nicht so systematisch möglich wie es bei den o.a. Beispielen der Fall ist.

Variation

Auch andere Materialien können durch den Atem in Bewegung versetzt werden: Bunte Chiffontücher, Federn oder Papiertaschentücher.

Atmung

☐ Auditive Wahrnehmung	☐ Körpersprache	☐ Prosodie
☐ Visuelle Wahrnehmung	☑ Mundmotorik	☐ Wortschatz
☐ Taktile Wahrnehmung	☑ Atmung	☐ Phonologisches Bewusstsein
☑ Kinästhetische Wahrnehmung	☐ Konzentration	☐ Syntax / Morphologie
☐ Vestibuläre Wahrnehmung	☐ Koordination	☑ Kommunikation

TISCHTENNIS-TORWÄRTER

Material: Tischtennisbälle in verschiedenen Farben, Papierrollen oder Bauklötze

Auf einem Tisch liegen Tischtennisbälle in verschiedenen Farben. Zunächst versuchen die Kinder, die Bälle auf dem Tisch durch Pusten in Bewegung zu versetzen. Schaffen sie es, die Bälle über den Rand zu pusten?

Schwieriger wird es, wenn die Bälle durch Tore rollen sollen. Die Kinder bauen mit Papierrollen oder mit Bauklötzen Tore, durch die die Bälle hindurchgepustet werden.

Auf jeder Seite des Tores kann ein Kind stehen, sie pusten sich die Bälle gegenseitig durch das Tor zu oder spielen den Torwärter (passen also auf, dass der Ball nicht durch das Tor rollt).

Didaktischer Kommentar

Die Kinder sollten dazu angeregt werden, selbstständig einzuschätzen, aus welcher Entfernung sie den Ball durch Pusten ins Rollen bringen. Muss man ganz nah rangehen, oder schafft der Luftstrom es auch aus der Entfernung, den Ball zu bewegen?

Die Kinder verändern den Abstand – verkleinern oder vergrößern ihn. Wie weit reicht ihr Atem?

Variation

Die Tischtennisbälle werden über den Boden entlang einer Linie oder innerhalb eines Reifens gepustet (auf staubfreien Boden achten).

Atmung

☐ Auditive Wahrnehmung	☐ Körpersprache	☐ Prosodie
☐ Visuelle Wahrnehmung	☐ Mundmotorik	☐ Wortschatz
☐ Taktile Wahrnehmung	☑ Atmung	☐ Phonologisches Bewusstsein
☑ Kinästhetische Wahrnehmung	☐ Konzentration	☐ Syntax / Morphologie
☐ Vestibuläre Wahrnehmung	☑ Koordination	☑ Kommunikation

SCHIFFE AUF DEM SEE

Material: eine größere Schüssel, mit Wasser gefüllt; kleine Plastikschiffe oder Tischtennisbälle

Eine mit Wasser gefüllte große Schüssel stellt einen See dar, auf dem Schiffe schwimmen (kleine Plastikschiffe oder bunte Tischtennisbälle). Die Kinder erzeugen mit ihrem Atem den Wind, den die Schiffe benötigen, um von der Stelle zu kommen. Mal gibt es leichten Wind (zartes Pusten), mal gibt es aber auch einen Orkansturm (kräftiges Pusten). Wie können die Schiffe gesteuert werden, damit sie das andere Ufer des Sees erreichen?

Didaktischer Kommentar

Die Erzieherin sollte die Kinder darauf aufmerksam machen, dass sie die „Schiffe" von hinten oder bei den Tennisbällen auch von der Seite anpusten können, nicht aber von oben.

Auch hier spielt der Abstand zu den schwimmenden Objekten eine Rolle, auf die die Erzieherin die Kinder hinweisen kann.

Variation

Auch „an Land" können Fahrzeuge (kleine Spielautos) durch den Atem angetrieben werden. Evtl. kann man einen Strohhalm zu Hilfe nehmen, um den Autos „Wind" zu verschaffen. Zwei Autos können dann ein Wettrennen machen: Sie starten gleichzeitig nebeneinander. Welches ist zuerst am Ende der Rennbahn (der Tischplatte) angekommen?

Atmung

☐ Auditive Wahrnehmung	☐ Körpersprache	☐ Prosodie
☐ Visuelle Wahrnehmung	☑ Mundmotorik	☐ Wortschatz
☐ Taktile Wahrnehmung	☑ Atmung	☐ Phonologisches Bewusstsein
☑ Kinästhetische Wahrnehmung	☐ Konzentration	☐ Syntax / Morphologie
☐ Vestibuläre Wahrnehmung	☐ Koordination	☑ Kommunikation

LAUBFEGER

Material: aus Papiertaschentüchern gerissene Schnipsel, Strohhalme

Viele kleine Papierschnipsel werden auf einem Tisch verteilt. Sie stellen Laub dar, das nun von den „Laubfegern" zu einem Haufen gepustet werden soll. Die Kinder verteilen sich um den Tisch herum und pusten die Papierschnipsel mit einem Strohhalm in die Mitte. Anstelle der Papierschnipsel können auch Federn verwendet werden.

Didaktischer Kommentar

Der Strohhalm verstärkt die Wirkung des Atems und führt zu einem verstärkten Einsatz der Mundmuskulatur. Für Kinder ist es interessant herauszufinden, ob sie mit oder ohne Strohhalm mehr „Wind" erzeugen können.

Variation

„Laubbläser" können mit ihren Strohhalmen auch einen Weg zwischen den Papierschnipseln freipusten (wie in einem Park, wenn die Blätter vom Weg geblasen werden).

8.2 Artikulation und Mundmotorik

Für eine gute Artikulation ist die Übung der Mundmotorik hilfreich. Dazu gehört u. a. die Eigenwahrnehmung der Mundmuskulatur im gesamten Mundbereich (also z. B. der Zunge, der Lippen, der Wangenmuskulatur).

Das Saugen, z. B. mit einem Strohhalm, bringt ein bewusstes Üben der Mundmotorik mit sich. Auch hier ist es wichtig, dass die Kinder die Wirkung spüren und sehen können: Ein Blatt oder eine Wattekugel, die angesaugt werden, führen ihnen die Wirkung ihres Tuns anschaulich vor Augen.

Saugen führt zur Anspannung der Muskulatur, danach kann ein Pustespiel zur Lockerung beitragen.

Mundmotorik

☐ Auditive Wahrnehmung	☐ Körpersprache	☐ Prosodie
☐ Visuelle Wahrnehmung	☑ Mundmotorik	☐ Wortschatz
☐ Taktile Wahrnehmung	☑ Atmung	☐ Phonologisches Bewusstsein
☑ Kinästhetische Wahrnehmung	☐ Konzentration	☐ Syntax / Morphologie
☐ Vestibuläre Wahrnehmung	☐ Koordination	☑ Kommunikation

STAUBSAUGER

Material: Strohhalme in verschiedener Stärke, kleine Papierschnipsel

Der Strohhalm ist ein Staubsauger, der die auf dem Tisch liegenden Papierschnipsel ansaugen kann. Mit welchem Strohhalm geht das am besten – mit dem dicken oder einem dünnen? Die Papierschnipsel sollen dann zu einem bestimmten Ort gebracht werden (z. B. in einen Pappkarton, der neben dem Tisch steht).

Didaktischer Kommentar

Die Kinder sollten selbst herausfinden, ob es schwieriger ist, ein größeres oder ein kleineres Blatt anzusaugen. Ebenso sollten sie die unterschiedliche Saugwirkung des dicken oder des dünnen Strohhalms ausprobieren. Dadurch entwickeln sich Gespräche – nicht nur zwischen dem Kind und der Erzieherin, sondern auch zwischen den Kindern.

Variation

Wattekugeln sollen mit einem Strohhalm aufgesaugt und an einen anderen Ort gebracht werden. Wie schwer darf ein Gegenstand sein, der mit einem Strohhalm aufgenommen werden kann? Wie weit kann man den Gegenstand so tragen?

Mundmotorik

☐ Auditive Wahrnehmung	☐ Körpersprache	☐ Prosodie
☑ Visuelle Wahrnehmung	☑ Mundmotorik	☐ Wortschatz
☐ Taktile Wahrnehmung	☑ Atmung	☐ Phonologisches Bewusstsein
☑ Kinästhetische Wahrnehmung	☐ Konzentration	☐ Syntax / Morphologie
☐ Vestibuläre Wahrnehmung	☐ Koordination	☑ Kommunikation

WÜRFELSPIEL

Material: Würfel; kleine Zettel, auf denen Zahlen von 1 bis 6 geschrieben stehen (oder auf denen jeweils eins bis sechs Punkte aufgemalt sind; große Blätter mit Zahlen von 1 bis 6

Auf einem Tisch liegen kleine Papierblätter mit Zahlen. Die Kinder würfeln, benennen die Anzahl der „Augen" und sollen nun das entsprechende Blatt mit dem Strohhalm ansaugen und es auf ein entsprechendes Zahlenblatt legen. Anstelle der Zahlen können auch Blätter, auf denen eins bis sechs Punkte aufgemalt sind, benutzt werden.

Didaktischer Kommentar

Das Ansaugen der Blätter erfordert von den Kindern eine bestimmte Technik, die sie zunächst vor der Spielsituation üben sollten. Wie kann man das Blatt mit dem Strohhalm ansaugen, sodass es für kurze Zeit angehoben werden kann und nicht sofort wieder herunterfällt?

Die gewürfelte Zahl (oder Farbe) sollte von den Kindern benannt werden.

Variation

Für jüngere Kinder können auch Farbwürfel und farbige Papierschnipsel verwendet werden. Die Schnipsel werden mit dem Strohhalm angesaugt und in ein entsprechend farblich gekennzeichnetes Körbchen gebracht.

Mundmotorik

☐ Auditive Wahrnehmung	☐ Körpersprache	☐ Prosodie
☐ Visuelle Wahrnehmung	☑ Mundmotorik	☐ Wortschatz
☐ Taktile Wahrnehmung	☐ Atmung	☐ Phonologisches Bewusstsein
☑ Kinästhetische Wahrnehmung	☐ Konzentration	☐ Syntax / Morphologie
☐ Vestibuläre Wahrnehmung	☐ Koordination	☐ Kommunikation

ZUNGENGYMNASTIK

Material: keines

Auch die Zungen- und Lippenmuskeln brauchen Training. So kann man z. B. einen Zungen-Lippenstift erfinden: Mit der Zungenspitze an den Lippen entlangstreifen – wie mit einem Lippenstift genau die Konturen nachzeichnen. Die Lippen werden danach feucht sein und glänzen (diese Übung sollten die Kinder ggf. vor einem Spiegel durchführen).

Die Zunge kann auch herauszufinden versuchen, wie viele Zähne sich im Mund befinden oder wie weit die Zunge in die Wangentaschen hineinkommt.

Didaktischer Kommentar

Die Zungengymnastik sollte in lustige Spiele eingebunden werden, so kann die Zunge z. B. versuchen, Schokoladenstreusel von einem Teller aufzulecken!

Variation

Weitere gymnastische Übungen für die Zunge:
Ein „Luftküsschen“ geben (Lippen spitzen)
Wangen aufblasen – Lippen platzen lassen

Mundmotorik

☑ Auditive Wahrnehmung	☑ Körpersprache	☐ Prosodie
☐ Visuelle Wahrnehmung	☑ Mundmotorik	☑ Wortschatz
☐ Taktile Wahrnehmung	☐ Atmung	☐ Phonologisches Bewusstsein
☑ Kinästhetische Wahrnehmung	☐ Konzentration	☐ Syntax / Morphologie
☐ Vestibuläre Wahrnehmung	☐ Koordination	☑ Kommunikation

MUNDKONZERT

Material: keines

Welche Geräusche kann man mit dem Mund erfinden:

- Schnalzen mit der Zunge
- Mit den Lippen „sprudeln“
- Suppe schlürfen
- Summen wie eine Biene
- Ein Pferd bremsen (brrr)
- Knurren wie ein Hund
- Heulen oder Pfeifen wie der Wind
- Zischen wie ein fahrender Zug

Didaktischer Kommentar

Der Einstig in das Thema kann über die Nachahmung von Autogeräuschen erfolgen. Die Kinder haben oft schon eine genaue Vorstellung davon, wie sich bestimmte Automarken oder Fahrzeugtypen (Sportwagen, Trecker, Rennauto) anhören.
Die Geräusche sollten auch benannt werden.

Variation

Die Kinder verbinden die Mundgeräusche mit Bewegungen: Die Autos fahren im Raum umher und machen entsprechende Geräusche. Die Erzieherin versucht zu erraten, um welches Fahrzeug es sich handelt.

8.3 Mit allen Sinnen wahrnehmen

8.3.1 Hörspiele – Förderung der auditiven Wahrnehmung

Jedes Material hat seinen Klang, in unserer Umgebung gibt es viele Geräusche und Klänge zu entdecken: Das Plätschern des Wasserhahns, ein fahrendes Auto, Vogelstimmen, das Ticken einer Uhr – die auditive Wahrnehmung ermöglicht eine Differenzierung der Geräusche, sie können lokalisiert und nach ihrer Tonhöhe, Lautstärke oder Klangfarbe eingeordnet werden. Genaues Hören ist auch für den Spracherwerb unerlässlich, da nur so ähnlich klingende Laute unterschieden und Wörter erkannt werden können.

Auditive Wahrnehmung

☑ Auditive Wahrnehmung	☐ Körpersprache	☑ Prosodie
☐ Visuelle Wahrnehmung	☐ Mundmotorik	☐ Wortschatz
☐ Taktile Wahrnehmung	☐ Atmung	☐ Phonologisches Bewusstsein
☐ Kinästhetische Wahrnehmung	☑ Konzentration	☐ Syntax / Morphologie
☐ Vestibuläre Wahrnehmung	☐ Koordination	☑ Kommunikation

SCHATZSUCHER

Material: eine Augenbinde, Gegenstände, die den Schatz darstellen (Steine, Bonbons), ein Stock

Ein Kind geht auf Schatzsuche und hat dabei die Augen verbunden. Der Schatz ist ein Bonbon oder ein schöner Stein, den die anderen Kinder der Gruppe irgendwo auf den Boden legen. Das Kind soll diesen Schatz nun mit seinem Stock (dem Schatzdetektor) aufspüren. Es tastet den Boden ab, die anderen machen dabei Pieptöne, die immer schneller aufeinanderfolgen und immer lauter werden, je näher das Kind dem Schatz kommt.

Wenn der Schatzsucher den Schatz berührt hat, heulen die anderen Kinder laut auf, sodass er weiß, dass er am Ziel ist. Er darf nun den Schatz mit den Händen ertasten.

Danach kommt ein anderes Kind als Schatzsucher an die Reihe.

Didaktischer Kommentar

Bei diesem Spiel hilft die Gruppe einem Kind, sich über akustische Signale im Raum zu orientieren. Neben der Förderung der auditiven Wahrnehmung geht es bei diesem Spiel daher auch darum, dass die Gruppe sich auf den „Schatzsucher" einstellen kann und die akustischen Signale entsprechend der Spielsituation dosieren kann (lauter werden – leiser werden).

Variation

Einfacher ist das Spiel, wenn ein Kind auf allen vieren über den Boden kriecht und versucht, den Schatz mit den Händen zu finden.

Auditive Wahrnehmung

- [x] Auditive Wahrnehmung
- [ ] Visuelle Wahrnehmung
- [ ] Taktile Wahrnehmung
- [ ] Kinästhetische Wahrnehmung
- [ ] Vestibuläre Wahrnehmung
- [ ] Körpersprache
- [ ] Mundmotorik
- [ ] Atmung
- [x] Konzentration
- [ ] Koordination
- [ ] Prosodie
- [ ] Wortschatz
- [ ] Phonologisches Bewusstsein
- [ ] Syntax / Morphologie
- [x] Kommunikation

KLINGENDES GLÖCKCHEN

Material: ein Glöckchen, Augenbinden o. Ä. zum Verschließen der Augen

Die Kinder sitzen am Boden und schließen die Augen. Die Erzieherin geht leise im Raum umher, bleibt dann stehen und klingelt mit dem Glöckchen. Die Kinder sollen in die Richtung zeigen, aus der das Geräusch gekommen ist. Wer es herausgefunden hat, darf als nächstes das Glöckchen erklingen lassen. Erzieherin und Kind gehen dabei in verschiedene Richtungen, damit die anderen nicht schon durch das Hören der Schritte den Standort erkennen.

Didaktischer Kommentar

Bei diesem Spiel geht es um das genaue Hinhören, um das Richtungshören. Damit die Kinder wirklich die Augen geschlossen halten, sollten sie nach Möglichkeit eine Augenbinde tragen.

Variation

Die Aufgabe kann auch zu zweit durchgeführt werden: Einer lässt das Glöckchen nahe seinem Partner (der die Augen geschlossen hat) erklingen: über ihm, neben ihm, vor ihm. Der „blinde“ Partner zeigt die Richtung an, aus der das Geräusch kommt.

Auditive Wahrnehmung

☑ Auditive Wahrnehmung	☐ Körpersprache	☐ Prosodie
☐ Visuelle Wahrnehmung	☐ Mundmotorik	☐ Wortschatz
☐ Taktile Wahrnehmung	☐ Atmung	☐ Phonologisches Bewusstsein
☐ Kinästhetische Wahrnehmung	☑ Konzentration	☐ Syntax / Morphologie
☐ Vestibuläre Wahrnehmung	☐ Koordination	☑ Kommunikation

NEBELLOTSEN

Material: Gegenstände, mit denen Geräusche erzeugt werden können; Augenbinden für die Kinder, die „Schiffe“ spielen

Wenn ein Schiff bei dichtem Nebel die Hafeneinfahrt sucht, helfen ihm dabei Lotsen, die dem Schiffskapitän den Weg in den Hafen zeigen. Das tun sie mit Geräuschen und Tönen, an denen sich der Kapitän orientieren kann.

Zwei Kinder haben jeweils eine Geräuschquelle (Rassel, Glöckchen o. Ä.). Sie stellen die Lotsen dar, die ein Schiff im Nebel in den Hafen führen sollen. Ein Kind spielt das Schiff, es hat die Augen mit einer Augenbinde verbunden und steht ungefähr drei bis vier Meter von den Lotsen entfernt. Anhand der Geräusche soll es nun genau zwischen ihnen hindurch manövrieren.

Die Lotsen stehen im Abstand von ca. zwei Metern voneinander entfernt, beide haben verschiedene Geräuschquellen. Der Schiffskapitän hört genau auf die Geräusche und versucht so, den Weg zwischen den Lotsen hindurch zu finden.

Didaktischer Kommentar

Bei diesem Spiel sollte es im Raum sehr ruhig sein, damit die Kinder sich auf die Geräusche der „Nebellotsen“ konzentrieren können.

Variation

Mehrere Schiffe (Kinder) starten gemeinsam und sollen den Weg in den Hafeneingang finden.

Sie stehen weiter von den Lotsen entfernt.

Auditive Wahrnehmung

☑ Auditive Wahrnehmung	☐ Körpersprache	☐ Prosodie
☐ Visuelle Wahrnehmung	☐ Mundmotorik	☑ Wortschatz
☐ Taktile Wahrnehmung	☐ Atmung	☐ Phonologisches Bewusstsein
☐ Kinästhetische Wahrnehmung	☑ Konzentration	☐ Syntax / Morphologie
☐ Vestibuläre Wahrnehmung	☐ Koordination	☐ Kommunikation

GERÄUSCHEQUIZ

Material: Materialien, mit denen Geräusche erzeugt werden können

Die Pädagogin erzeugt Geräusche mit Gegenständen, die die Kinder vorher nicht gesehen haben. Die Kinder erraten, um welchen Gegenstand es sich handelt (Papier knistern, Luftballon aufblasen oder Luft ablassen, Zeitung zerreißen, Gläser aneinander stoßen, Schlüsselbund rasseln).

Die Kinder sollen dabei auch die Qualität der Geräusche wahrnehmen und sie nach laut – leise, hoch – tief, hart – weich unterscheiden.

Didaktischer Kommentar

Durch die Benennung der Qualität der Geräusche und der Gegenstände, mit denen sie erzeugt wurden, wird nicht nur die auditive Wahrnehmung, sondern auch der Wortschatz der Kinder geübt.

Variation

Klangerzeugenden Gegenständen werden Bewegungen zugeordnet:
Zum Klatschen – laufen
Zum Aneinanderreiben der Hände – schleichen
Zum Summen – kriechen etc.
Die Kinder erfinden selbst entsprechende Ideen.

Auditive Wahrnehmung

☑ Auditive Wahrnehmung	☐ Körpersprache	☐ Prosodie
☐ Visuelle Wahrnehmung	☐ Mundmotorik	☐ Wortschatz
☐ Taktile Wahrnehmung	☐ Atmung	☑ Phonologisches Bewusstsein
☐ Kinästhetische Wahrnehmung	☑ Konzentration	☐ Syntax / Morphologie
☐ Vestibuläre Wahrnehmung	☐ Koordination	☑ Kommunikation

DER BAUER SUCHT SEINE KUH

Material: Augenbinde

Ein Kind hat die Augen verbunden. Es spielt einen Bauern, der auf seinem großen Bauernhof viele Tiere hält. Jeder Mitspieler darf sich aussuchen, welches Tier er spielen möchte. Einer ist die Kuh, die Lieblingskuh des Bauern. Am Abend, als es dunkel wird, sucht er auf dem Hof seine Kuh. Die anderen Tiere sind aber auch alle auf dem Hof versammelt und blöken, bellen, miauen, wiehern. Er muss sich sehr anstrengen, um in dem lauten Stimmengewirr der Tiere seine Kuh zu finden. Sobald der Bauer mit dem Suchen beginnt, sollten die Kinder sich nicht mehr von der Stelle bewegen.

Didaktischer Kommentar

Neben dem Richtungshören wird bei diesem Spiel auch die Lautunterscheidung geübt.

Variation

Noch schwieriger ist die Aufgabe zu lösen, wenn sich alle Kinder – bis auf die Kuh – im Raum bewegen dürfen.

8.3.2 Sehspiele – Förderung der visuellen Wahrnehmung

Formen und Farben benennen zu können setzt voraus, dass sie sinnlich unterschieden werden können. Dies erfolgt zunächst über den Sehsinn. Große und kleine Gegenstände, eckige und runde, Linien und Kreise, Vierecke und Dreiecke – der visuellen Differenzierung folgt die sprachliche Benennung.

Visuelle Wahrnehmung

- ☐ Auditive Wahrnehmung
- ☑ Visuelle Wahrnehmung
- ☐ Taktile Wahrnehmung
- ☐ Kinästhetische Wahrnehmung
- ☐ Vestibuläre Wahrnehmung
- ☐ Körpersprache
- ☐ Mundmotorik
- ☐ Atmung
- ☑ Konzentration
- ☑ Koordination
- ☐ Prosodie
- ☑ Wortschatz
- ☐ Phonologisches Bewusstsein
- ☑ Syntax / Morphologie
- ☐ Kommunikation

KNOPFLADEN

Material: Knopfschachtel mit vielen Knöpfen aus unterschiedlichem Material (Stoff, Metall, Kunststoff, Perlen, Holz etc.) und in unterschiedlichen Größen und Formen

Schachteln mit Knöpfen sind für Kinder oft wahre Schatzkisten. Runde, eckige, große, kleine, farbige Knöpfe: Kein Knopf gleicht dem anderen – oder doch? Bei diesem Spiel gilt es herauszufinden, ob und wie man die vielen Knöpfe sortieren kann. Die Kinder finden dabei eigene Ordnungsprinzipien. Sie trainieren ihre Feinmotorik beim Aufgreifen der Knöpfe und ihre visuelle Wahrnehmung beim Sortieren.

Didaktischer Kommentar

Bei diesem Spiel geht es zunächst um die Form-, Farb- und Größenwahrnehmung. Beim Sortieren kann die Erzieherin Hilfen geben. Zum Beispiel:

- Findet alle Knöpfe, die nicht rund, sondern eckig sind.
- Findet alle außergewöhnlich großen/sehr kleinen Knöpfe heraus.
- Legt eine Reihe mit Knöpfen hintereinander, fangt dabei mit dem kleinsten an und endet mit dem größten Knopf (oder umgekehrt).

Variation

Mit den Knöpfen können Knopfbilder gelegt werden. Damit die Knöpfe nicht verrutschen, kann man sie evtl. in eine Sandschüssel oder auf ein mit Samt o. Ä. ausgelegtes Tablett legen.

Visuelle Wahrnehmung

☐ Auditive Wahrnehmung	☐ Körpersprache	☐ Prosodie
☑ Visuelle Wahrnehmung	☐ Mundmotorik	☑ Wortschatz
☐ Taktile Wahrnehmung	☐ Atmung	☐ Phonologisches Bewusstsein
☐ Kinästhetische Wahrnehmung	☑ Konzentration	☐ Syntax / Morphologie
☐ Vestibuläre Wahrnehmung	☐ Koordination	☐ Kommunikation

DETEKTIVTRAINING

Material: ein Tablett mit unterschiedlichen Gegenständen und ein Tuch zum Abdecken

Genaues Hinsehen, sich Gegenstände merken und Einzelheiten einprägen – das alles muss ein Detektiv können, wenn er verdächtige Situationen aufklären will. Und wenn man ein guter Detektiv werden will, dann muss man in die Detektivschule gehen, in der diese Fähigkeiten trainiert werden. In der Mitte des Raumes liegt ein Tablett mit etwa zehn verschiedenen Gegenständen (z. B. Löffel, Radiergummi, Legostein). Die Kinder sitzen im Kreis darum herum und dürfen die Gegenstände 30 Sekunden lang aufmerksam betrachten. Dann wird das Tablett abgedeckt und die Kinder sollen berichten, welche Gegenstände darauf liegen. Eventuell können sie die Gegenstände auch aufzeichnen.

Didaktischer Kommentar

Die Kinder üben sich in diesem Spiel vor allem in der Figur-Grund-Wahrnehmung. Sie müssen sich das Gesehene einprägen, um es dann später wiedergeben zu können.

Sie können sich auch gegenseitig helfen, wenn ihnen nicht mehr alle Gegenstände einfallen.

Variante

Nach dem Anschauen der Gegenstände schließen die Kinder die Augen. Ein Gegenstand wird weggenommen. Nun dürfen alle die Augen öffnen und sich das Tablett nochmals ansehen. Was fehlt?

Visuelle Wahrnehmung

☐ Auditive Wahrnehmung	☐ Körpersprache	☐ Prosodie
☑ Visuelle Wahrnehmung	☐ Mundmotorik	☑ Wortschatz
☐ Taktile Wahrnehmung	☐ Atmung	☐ Phonologisches Bewusstsein
☐ Kinästhetische Wahrnehmung	☑ Konzentration	☐ Syntax / Morphologie
☐ Vestibuläre Wahrnehmung	☑ Koordination	☑ Kommunikation

FAMILIE BLAUSTRUMPF

Material: Gegenstände in unterschiedlichen Farben: Sandsäckchen, bemalte Bierdeckel, Bälle, Teppichfliesen, Tücher etc.

Bei diesem Spiel geht es darum, dass die Kinder sich auf ganz bestimmte, sichtbare Dinge aus ihrer Umgebung konzentrieren und sie nach einem bestimmten Merkmal – ihrer Farbe – auswählen. Die Spielidee verbindet mehrere Kinder miteinander. Jede Familie sammelt Sachen in einer bestimmten Farbe (z. B. Familie Blau).

Im Raum werden verschiedenfarbige Gegenstände verteilt. „Die Familien" werden zusammengestellt, indem die Kinder Kärtchen ziehen, auf denen eine Farbe aufgemalt ist. Alle Kinder mit der selben Farbe gehören zu einer Familie. Jede Familie hat ein Rollbrett.

Die Familien sind vom Sammelfieber befallen: Sie sammeln alle möglichen Gegenstände – aber nur, wenn sie die Farbe haben, die auch in ihrem Namen vorkommt.

Didaktischer Kommentar

Vor dem Benennen steht das Erkennen. Die Kinder müssen also zuerst Farben zuordnen, Farben unterscheiden können, bevor sie sie verbal benennen können.

Variation

Anstelle der Farben können auch andere Merkmale für das Sachensuchen genannt werden: Runde Gegenstände, solche aus Holz oder Dinge, die man für die Schule braucht.

Visuelle Wahrnehmung

☐ Auditive Wahrnehmung	☐ Körpersprache	☐ Prosodie
☑ Visuelle Wahrnehmung	☐ Mundmotorik	☑ Wortschatz
☐ Taktile Wahrnehmung	☐ Atmung	☐ Phonologisches Bewusstsein
☐ Kinästhetische Wahrnehmung	☑ Konzentration	☐ Syntax / Morphologie
☐ Vestibuläre Wahrnehmung	☑ Koordination	☑ Kommunikation

FERNROHRE

Material: für jedes Kind eine Papprolle (innere Papprollen von Haushaltspapier oder von Toilettenpapier)

Eine Papierrolle dient als Fernrohr: Mit ihm beobachten die Kinder Ausschnitte aus der Natur, ein Blatt, einen Käfer oder einen Stein. Sie berichten, was sie mit ihrem Fernrohr beobachten konnten.

Auch im Gruppenraum suchen sie nach Dingen, die sie sich genauer anschauen, und beschreiben ihre Beobachtungen den anderen Kindern oder der Erzieherin.

Didaktischer Kommentar

Das Fernrohr fokussiert die Gegenstände, die das Kind anschaut, der Hintergrund wird weniger genau wahrgenommen. Damit übt es die Figur-Grund-Wahrnehmung – eine wichtige Voraussetzung für die Konzentrations- und die Beobachtungsfähigkeit.

Variation

Die Gruppe der „Forscher", die mit den Fernrohren unterwegs war, erzählt den anderen Kindern im Kindergarten, was sie in der Natur entdeckt haben.

Anstelle der gebastelten Fernrohre können später auch echte Lupen oder Ferngläser benutzt werden.

8.3.3 Tastspiele – Förderung der taktilen Wahrnehmung

Welcher Gegenstand ist rau – welcher ist eher weich? Wie fühlt sich ein spitzer, wie ein runder Gegenstand an? Die taktile Wahrnehung vermittelt Informationen über die Oberflächenbeschaffenheit der Dinge. Anfassen führt zum Erfassen, Tasten und Greifen führen zum Be-greifen und werden in Verbindung mit der Sprache zu Begriffen.

Taktile Wahrnehmung

☐ Auditive Wahrnehmung	☑ Körpersprache	☐ Prosodie
☐ Visuelle Wahrnehmung	☐ Mundmotorik	☐ Wortschatz
☑ Taktile Wahrnehmung	☐ Atmung	☐ Phonologisches Bewusstsein
☐ Kinästhetische Wahrnehmung	☐ Konzentration	☐ Syntax / Morphologie
☐ Vestibuläre Wahrnehmung	☐ Koordination	☐ Kommunikation

RÜCKENBILDER

Material: keines

Jeweils zwei Kinder sitzen hintereinander. Das hintere malt seinem Vordermann ein einfaches Bild (Kreis, Herz, Blume) auf den Rücken. Dieser soll erkennen, was gemalt wurde, und das „Bild" benennen.
Dann wechseln die Rollen.

Didaktischer Kommentar

Rückenmassagen wirken beruhigend und entspannend. Die sanften taktilen Reize empfinden die Kinder durchweg als angenehm und entspannend. Gleichzeitig müssen sich die Kinder aber auch konzentrieren, um herauszufinden, welche Bilder auf dem Rücken entstehen und wie die Formen benannt werden können.

Variation

Bei älteren Kindern können die Bilder auch schwieriger werden: eine Zahl, ein Buchstabe und vielleicht sogar mehrere Buchstaben, die als ganzes Wort erkannt werden sollen.

Taktile Wahrnehmung

☐ Auditive Wahrnehmung	☐ Körpersprache	☐ Prosodie
☐ Visuelle Wahrnehmung	☐ Mundmotorik	☑ Wortschatz
☑ Taktile Wahrnehmung	☐ Atmung	☐ Phonologisches Bewusstsein
☐ Kinästhetische Wahrnehmung	☑ Konzentration	☐ Syntax / Morphologie
☐ Vestibuläre Wahrnehmung	☑ Koordination	☑ Kommunikation

FIGUREN LEGEN

Material: mehrere Seile (entsprechend der Anzahl der Kinder) oder Gardinenschnüre (Bleiband)

Mit einem Seil oder einem Gardinenband (Bleischnur) werden Formen, Figuren oder sogar Buchstaben und Zahlen auf den Boden gelegt. Die Kinder müssen die Länge des Seils einschätzen und überlegen, wie groß die Form werden kann, damit kein Stück Seil mehr übrig bleibt.

- Sie können Fantasiefiguren legen (das Seil in einer selbst gewählten Form auf den Boden legen und der Figur einen eigenen „Sinn" geben),
- sie können reale Figuren nachlegen (eine Schnecke, ein Viereck oder einen Kreis),
- wenn es die Konzentrationsfähigkeit der Kinder zulässt, können sie auch versuchen, mit geschlossenen Augen das Seil eines anderen Kindes zu ertasten und herauszufinden, welche Form damit gelegt wurde.

Didaktischer Kommentar

Die Kinder sollten dazu angeregt werden, den anderen die Bedeutung ihres „Seilbildes" zu erklären. Was stellt es dar? Was erkennen die anderen?

Das Ertasten der Formen mit geschlossenen Augen stellt große Anforderungen an die taktile Wahrnehmung und das kognitive Erfassen der Form. Gegenständliche Formen (Kreis, Ei, Linie, Schlange) gelingen leichter als abstrakte Formen.

Variation

Mit allen Seilen oder Schnüren können die Kinder gemeinsam ein großes Bild legen, z. B. einen Schneemann oder eine Sonne.

Hier müssen sie überlegen, wie man die langen Seile so zusammenlegt, dass sie z. B. Augen oder einen Mund darstellen. Die Kinder werden bei dieser Spielidee nicht nur ihre Feinmotorik üben, sondern auch Kooperations- und Kommunikationsfähigkeit entwickeln, denn es muss abgesprochen werden, wer welchen Teil des Schneemanns / der Sonne legt.

Taktile Wahrnehmung

- ☐ Auditive Wahrnehmung
- ☐ Visuelle Wahrnehmung
- ☑ Taktile Wahrnehmung
- ☐ Kinästhetische Wahrnehmung
- ☐ Vestibuläre Wahrnehmung
- ☐ Körpersprache
- ☐ Mundmotorik
- ☐ Atmung
- ☑ Konzentration
- ☑ Koordination
- ☐ Prosodie
- ☑ Wortschatz
- ☐ Phonologisches Bewusstsein
- ☐ Syntax / Morphologie
- ☑ Kommunikation

FUSSGREIF-SPIELE

Material: Tücher aus unterschiedlichem Material und in verschiedenen Größen (z. B. Rhythmiktücher, große Taschentücher, Staubtücher)

In der Mitte des Raumes liegt auf dem Boden ein Reifen, um ihn herum liegen im ganzen Raum verteilt Tücher in verschiedenen Größen. Sie sollen mit den Zehen aufgegriffen und zum Reifen transportiert werden.

Für den Transport sollen die Kinder sich verschiedene Möglichkeiten ausdenken: auf einem Bein hüpfen, das Tuch aufgreifen, es in die Hand nehmen und zum Reifen laufen, auf dem Tuch zum Reifen rutschen ... Was geht schnell, und was dauert lange?

Wie viele Tücher schafft jedes Kind?

Didaktischer Kommentar

Die Kinder können selbst Spielideen mit den Tücher erfinden – z. B. auf den Tüchern über den Boden rutschen – und dazu einen Namen für das Spiel erfinden: Putzmaschinentanz, Schlittschuhlaufen ...

Variation

Anstelle der Tücher können die Kinder andere Materialien suchen, die sich zum Greifen eignen (Stifte, Sandsäckchen, Seile).

Die Kinder können auch versuchen, mit den Füßen ein Bild zu malen, indem sie sich zwischen die Zehen einen Stift klemmen und z. B. ein Gesicht auf ein großes, am Boden liegendes Blatt malen.

8.3.4 Bewegungsspiele – Förderung der kinästhetischen Wahrnehmung

Das Kind eignet sich seine Umwelt zunächst über den Körper an: Ein Fußtritt genügt, um den Ball in Bewegung zu versetzen, er rollt über den Boden, man kann ihn kräftig wegstoßen oder ihn sanft einem Spielpartner zurollen. Man kann ihn werfen und schlagen; lässt man ihn fallen, springt der Ball vom Boden hoch. Immer wird die Bewegung des Balles durch die eigene Körperbewegung beeinflusst: Das Kind sucht im Spiel nach Regelmäßigkeiten, es findet sie durch die eigene Aktivität heraus. Dies führt zur Sensibilisierung der Körperwahrnehmung, gleichzeitig aber auch zum Erwerb von Wissen über die Welt. Das Wissen wird versprachlicht, indem das Kind z. B. das Wort Ball als Symbol für den Gegenstand bildet.

Kinästhetische Wahrnehmung

☐ Auditive Wahrnehmung	☐ Körpersprache	☐ Prosodie
☐ Visuelle Wahrnehmung	☐ Mundmotorik	☐ Wortschatz
☐ Taktile Wahrnehmung	☐ Atmung	☐ Phonologisches Bewusstsein
☑ Kinästhetische Wahrnehmung	☐ Konzentration	☐ Syntax / Morphologie
☐ Vestibuläre Wahrnehmung	☑ Koordination	☑ Kommunikation

BALL TREIBEN

Material: ein dicker Pezzi-Ball, mehrere kleinere Bälle in verschiedenen Größen

Ein dicker Pezzi-Ball soll mit mehreren kleinen Bällen durch den Raum getrieben werden. Den Abstand zum Ball können die Kinder nach Belieben verändern. Damit legen sie die Schwierigkeit der Aufgabe selbst fest.

Der Ball soll an einen bestimmten Ort, z. B. in eine bestimmte Ecke des Raumes, gerollt werden. Gelingt dies, ohne dass er von den Kindern mit Händen oder Füßen berührt wird?

Didaktischer Kommentar

Die Kinder erleben bei diesem Spiel die Wirksamkeit ihres eigenen Handelns: Sobald sie den Pezzi-Ball getroffen haben, rollt er weg. Sie lernen aber auch, ihren Kraftsinn zu dosieren und ihre Bewegungen zu steuern. Schnell erfinden sie auch einen Namen für dieses Spiel, zum Beispiel „Die Sau treiben“.

Variation

Das Spiel kann auch als Gruppenspiel durchgeführt werden: Zwei Mannschaften stehen sich gegenüber und treiben sich den Pezzi-Ball gegenseitig zu.

Kinästhetische Wahrnehmung

☐ Auditive Wahrnehmung	☐ Körpersprache	☐ Prosodie
☐ Visuelle Wahrnehmung	☐ Mundmotorik	☑ Wortschatz
☐ Taktile Wahrnehmung	☐ Atmung	☐ Phonologisches Bewusstsein
☑ Kinästhetische Wahrnehmung	☐ Konzentration	☐ Syntax / Morphologie
☐ Vestibuläre Wahrnehmung	☑ Koordination	☐ Kommunikation

KISSENSTRASSEN

Material: verschieden große und unterschiedlich dicke Kissen (Stuhlkissen, Sofakissen, Kopfkissen, Schaumstoffelemente etc.)

Im Raum verteilt liegen mehrere Kissen auf dem Boden. Der Abstand zwischen den Kissen ist so groß, dass man gerade noch von einem Kissen auf das andere treten kann.

Der Raum stellt einen See dar, die Kissen sind Steine, über die man über den See gehen kann. Dabei gilt es aufzupassen: Manche Kissen sind weich – darauf sinkt man ein; andere sind hart – darauf kann man sicherer stehen. Die kleinen Kissen kann man mit nur einem Fuß betreten – auf den größeren kann man mit einem Sprung landen.

Didaktischer Kommentar

Neben dem Gleichgewichtssinn fördert diese Spielidee auch die Fähigkeit der Kinder, Entfernungen einzuschätzen (weit – nah) und das Material der Spielobjekte zu unterschieden (weich – hart). Die Erzieherin sollte nach diesen Eigenschaften fragen: „Bist du auf einer weichen oder einer harten Insel gelandet? Ist es eine große oder eine kleine Insel? War das ein weiter oder ein kurzer Sprung?"

Variation

Die Kissen können auch in unterschiedlichen Abständen in eine lange Reihe gelegt werden. Wenn die Kinder von Kissen zu Kissen springen, können sie dem Kissen oder dem Graben einen Namen geben (Weichkissen – Hartkissen, schmaler Graben – breiter Graben …).

Kinästhetische Wahrnehmung

☐ Auditive Wahrnehmung	☐ Körpersprache	☐ Prosodie
☐ Visuelle Wahrnehmung	☐ Mundmotorik	☑ Wortschatz
☐ Taktile Wahrnehmung	☐ Atmung	☐ Phonologisches Bewusstsein
☑ Kinästhetische Wahrnehmung	☐ Konzentration	☑ Syntax / Morphologie
☐ Vestibuläre Wahrnehmung	☑ Koordination	☐ Kommunikation

DOSENPAARE FINDEN

Material: mehrere Dosen oder Schachteln, die mit verschieden schwerem, aber nicht hörbarem Inhalt gefüllt sind (Watte; Wolle; Zeitungspapier; Sand, der in eine Plastiktüte – so groß wie die Dose – gefüllt ist). Jeweils zwei Dosen sollten gleich schwer sein. Die Dosen sollten beim Heben oder Schütteln keine Geräusche machen.

Mehrere Dosen, die alle gleich aussehen, sind mit unterschiedlichen Materialien gefüllt. Die Kinder sollen sie nach ihrem Gewicht sortieren. Sie heben die Dosen an, vergleichen die Gewichte und beschreiben, ob es eine ganz leichte, eine mittelschwere oder eine schwere Dose ist.

Immer zwei Dosen gehören zusammen. Die Kinder versuchen herauszufinden, welche Paare zusammengehören.

Didaktischer Kommentar

Bei diesem Spiel wird die „Tiefensensibilität“ angesprochen: In den Muskeln, Sehnen und Gelenken befinden sich „Meldesysteme“, die uns Auskunft darüber geben, wie viel Kraft wir aufwenden müssen, wenn wir einen Gegenstand anheben, oder wie groß unsere Muskelspannung ist. Solche Experimente macht man am besten mit geschlossenen Augen, da dann die Aufmerksamkeit, nach innen zu „hören“, besonders groß ist.

Die Kinder sollten dazu angeregt werden, ihre Wahrnehmungen mitzuteilen: War das eine schwere Dose? Oder eine leichte Dose? Ist diese Dose leichter als die vorherige?

Kinästhetische Wahrnehmung

☐ Auditive Wahrnehmung	☐ Körpersprache	☐ Prosodie
☐ Visuelle Wahrnehmung	☐ Mundmotorik	☑ Wortschatz
☐ Taktile Wahrnehmung	☐ Atmung	☐ Phonologisches Bewusstsein
☑ Kinästhetische Wahrnehmung	☑ Konzentration	☐ Syntax / Morphologie
☑ Vestibuläre Wahrnehmung	☑ Koordination	☐ Kommunikation

SPINNENNETZ

Material: dicke Wollfäden; lange Seile; Tische und Stühle, an denen die Fäden befestigt werden können

Die Fäden eines Wollknäuels oder mehrere lange Seile werden kreuz und quer im Raum gespannt. Sie werden an Stuhl- oder Tischbeinen befestigt und sehen aus wie ein Spinnennetz. Die Kinder beteiligen sich am „Spinnen" des Netzes: Sie finden Wege, wie sie die Seile legen und spannen müssen, damit sie fast so dicht wie ein Spinnennetz werden. Durch dieses Spinnennetz steigen die Kinder, kriechen darunter durch etc.

Didaktischer Kommentar

Beim Steigen über die Wollfäden, beim Rutschen und Kriechen unter den Wollfäden entwickeln die Kinder ein Gefühl für die Ausmaße ihres Körpers, für die Steuerung ihrer Bewegungen, sie lernen aber auch Begriffe wie „unter", „über" kennen und orientieren sich im Raum.

Variation

Wenn das Netz sehr dicht ist, kann man auch einen dicken, leichten Ball (z. B. einen Wasserball) darüberrollen lassen.

Kinästhetische Wahrnehmung

☑ Auditive Wahrnehmung	☑ Körpersprache	☐ Prosodie
☐ Visuelle Wahrnehmung	☐ Mundmotorik	☑ Wortschatz
☐ Taktile Wahrnehmung	☐ Atmung	☐ Phonologisches Bewusstsein
☑ Kinästhetische Wahrnehmung	☐ Konzentration	☐ Syntax / Morphologie
☐ Vestibuläre Wahrnehmung	☑ Koordination	☑ Kommunikation

ROBOTER

Material: verschiedene Geräuschmaterialien

Wie bewegt sich ein Roboter? Sind seine Bewegungen rund oder eher eckig, fließend oder eher abgehackt? Wie kann man seine Bewegungen beschreiben?
Die Kinder bewegen sich wie Roboter durch den Raum. Geräusche helfen ihnen dabei, die Bewegung in ein gleichförmiges Zeitmaß zu bringen.
Welche Geräte oder Geräuschmaterialien passen zu den Bewegungen eines Roboters? (Zum Beispiel scheppernd und blechern klingende Materialien wie aneinander geschlagene Topfdeckel, Schlüsselbund, Klanghölzer.)

Didaktischer Kommentar

Zunächst sollte mit den Kindern besprochen werden, wie sie sich einen Roboter vorstellen. Hilfreich kann dabei eine Abbildung von einem Roboter oder ein roboterähnliches Spielzeug sein.

Variation

Mit Kartons können die Kinder sich selbst in Roboter verwandeln: Hierzu brauchen sie verschieden große Kartons, die – aufeinandergesetzt und mit Hals- und Armlöchern versehen – den Kopf und den Rumpf des Roboters darstellen.

9. Praxisbeispiele zur Sprachförderung

Neben den im vorangegangenen Kapitel aufgeführten allgemeinen Voraussetzungen für den Spracherwerb können auch die spezifischen Bereiche der Sprachentwicklung über Bewegung gefördert werden. Insbesondere in den Bereichen der Prosodie, der Lautbildung, des Wortschatzes und im kommunikativen Gebrauch der Sprache kann Bewegung eine unterstützende, motivierende, begleitende Funktion haben.

Nicht immer lassen sich die verschiedenen Sprachebenen deutlich unterscheiden. So wird eine Aufgabe zur Erweiterung des Wortschatzes – eingebunden in eine entsprechende Spielidee – auch die kommunikativen Kompetenzen des Kindes fördern. Die Einteilung der folgenden Praxisbeispiele hat deswegen eine eher ordnende, strukturierende Funktion für die Pädagogin.

Die Spielidee gilt als Rahmenhandlung, die dann von den Kindern sowohl motorisch als auch sprachlich erschlossen wird. Dabei haben die Kinder ein Recht auf „Mitsprache“ – auch bei der Gestaltung der Spielsituation.

Recht auf Mitsprache

Die Erzieherin gibt den Impuls, bereitet das Material oder die Spielsituation vor, ermuntert die Kinder dann aber, die Spielidee nach Bedarf weiter zu entwickeln. Zunächst steht also die Bewegungsaktivität im Vordergrund. Dann lenkt die Erzieherin die Aufmerksamkeit auch auf die sprachlichen Anteile der Spielhandlung. Durch Rückfragen gibt sie sprachliche Impulse („Wohin soll das Taxi fahren?“), sie regt zur sprachlichen Begleitung und Reflexion des Tuns an.

Die Spielsituation geht einher mit der fortwährenden Ermutigung zur Anwendung von Sprache – auch in zunächst sprachfernen Situationen. Nicht die Sprache ist der Gegenstand des Angebotes, sondern die Bewegung, aus der sich dann aber konsequent der Anlass fürs Sprechen ergibt.

Handeln und Verhandeln

Die im Folgenden beschriebenen Bewegungsangebote fordern die Kinder nicht nur hinsichtlich ihrer Bewegungsfähigkeiten und ihrer sprachlichen Kompetenzen, sondern auch in kognitiver, emotionaler und sozialer Hinsicht. Es gilt, Strategien der Problemlösung zu finden, in Regelspielen zu handeln, aber auch zu verhandeln, mit Sieg und Niederlage umzugehen.

Das Vorgehen ist nicht defizit-, sondern kompetenzorientiert: Die sprachlichen Möglichkeiten und Stärken der Kinder können erkannt und bewusst gemacht werden. Mitteilungen der Kinder, sprachliche Deutungen sollten aufgegriffen und in die Spielsituation integriert werden. Wiederholungen und Imitation spielen dabei eine wichtige Rolle.

9.1 Prosodie

Sprechmelodie und Sprachrhythmus geben Aussagen ihren Sinn, durch die Betonung von Wörtern wird deutlich, ob es sich um eine Frage oder eine Bitte, einen Befehl oder eine Feststellung handelt (vgl. Kap. 3).

Diese Fähigkeit kann z. B. in Rollenspielen geübt werden – aber auch Bewegungsspiele mit Frage-Antwort-Ritualen (Verstecken, Fangspiele) tragen dazu bei, dass Kinder sich in der bewussten Regulierung der Tonhöhen und Betonung üben.

Prosodie

☑ Auditive Wahrnehmung	☑ Körpersprache	☑ Prosodie
☐ Visuelle Wahrnehmung	☐ Mundmotorik	☐ Wortschatz
☐ Taktile Wahrnehmung	☐ Atmung	☐ Phonologisches Bewusstsein
☐ Kinästhetische Wahrnehmung	☑ Konzentration	☐ Syntax / Morphologie
☑ Vestibuläre Wahrnehmung	☐ Koordination	☑ Kommunikation

SCHAUKELSCHIFF

Material: Bettlaken oder Wolldecke

Die Kinder und die Erzieherin stehen um die Decke herum und halten sie so mit den Händen am Rand (den Rand etwas einrollen, damit man besser greifen kann), dass sie nicht auf dem Boden aufliegt. Ein Kind darf sich jeweils in die Decke legen. Es wird von der Gruppe hin- und hergeschaukelt, dabei sprechen die Kinder folgenden Vers:

„Fährt ein Schiffchen übers Meer, das schaukelt hin, das schaukelt her,	Leicht hin- und herschaukeln
das schaukelt hin, das schaukelt her,	Intensität des Schaukelns steigern
es kommt ein großer Sturm –	Kräftiges Schütteln
da fällt das Schiffchen um!"	Decke sanft auf dem Boden aufsetzen

Die Schaukelbewegungen werden im Rhythmus des Verses durchgeführt, die vorletzte Zeile steigert die Spannung (kurze Pause in der sprachlichen Begleitung), bei der letzten Zeile wird die Stimme mit jedem Wort abgesenkt. Bei „um" (tief) wird das Kind auf dem Boden abgesetzt.

Didaktischer Kommentar

Um den Rhythmus der Bewegung abzustimmen, kann es hilfreich sein, zunächst ein Kuscheltier in dem „Schiff" zu schaukeln. Es ist leichter zu bewegen und kann abschließend mit stimmlichem Akzent auf dem Boden abgesetzt werden.

Prosodie

☐ Auditive Wahrnehmung	☑ Körpersprache	☑ Prosodie
☐ Visuelle Wahrnehmung	☐ Mundmotorik	☑ Wortschatz
☐ Taktile Wahrnehmung	☐ Atmung	☐ Phonologisches Bewusstsein
☑ Kinästhetische Wahrnehmung	☐ Konzentration	☐ Syntax / Morphologie
☐ Vestibuläre Wahrnehmung	☑ Koordination	☐ Kommunikation

FISCHER, FISCHER – WIE TIEF IST DAS WASSER?

Material: keines

Fangspiel: Ein Kind ist der Fischer, es steht auf der einen Seite des Raumes, auf der gegenüberliegenden Seite befinden sich die andern Kinder, sie sind die Fische, die sich nicht von dem Fischer einfangen lassen wollen. Sie wollen jedoch auf die andere Seite kommen, dürfen dies aber nur in der vom Fischer angegebenen Fortbewegungsart.
Die Gruppe ruft (fragend): „Fischer, Fischer, wie tief ist das Wasser?“
Der Fänger (der „Fischer“) antwortet: „Einhundert Meter tief!“
Gruppe: „Wie kommen wir hinüber?“
Fischer: „Auf einem Bein hüpfen!“
Die Fische müssen nun auf einem Bein hüpfend auf die andere Seite des Raumes gelangen, der Fischer läuft ihnen entgegen. Werden sie von ihm abgeschlagen (berührt), sind sie gefangen und werden beim nächsten Spieldurchgang zum Helfer des Fischers. Bei jeder Wiederholung wird die Fortbewegungsform geändert: Auf die Frage der Gruppe antwortet der Fischer z. B.

- Schwimmen (beim Laufen mit den Armen Schwimmbewegungen ausführen)
- Kriechen
- Rückwärts gehen

Variiert werden kann auch die Tiefe des Wassers. Bei jedem Durchgang nennt der Fischer eine andere Zahl („Eintausend Meter tief“).

Mit der Variation der Fortbewegungsformen kann sich auch der Schwierigkeitsgrad ändern.

Sind alle Fische gefangen, darf ein neues Kind den Fischer spielen (meistens das Kind, das als letzter „Fisch“ übrig geblieben ist).

Didaktischer Kommentar

In der Gruppe kann während des Spiels darüber gesprochen werden, was der Unterschied zwischen einer Frage und einer Antwort ist. Die Kinder fragen (Stimme wird angehoben), der Fischer antwortet (Stimme senkt sich). Jüngere Kinder wachsen in das Spiel durch Beobachten, Mitmachen und Mitrufen hinein.

Variation

Weitere überlieferte Lauf- und Fangspiele wie
„Mutter, Mutter der Reis kocht über …“
„Ochs am Berg“
„Wer hat Angst vorm schwarzen Mann?“

Prosodie

☑ Auditive Wahrnehmung	☑ Körpersprache	☑ Prosodie
☐ Visuelle Wahrnehmung	☐ Mundmotorik	☑ Wortschatz
☐ Taktile Wahrnehmung	☐ Atmung	☐ Phonologisches Bewusstsein
☑ Kinästhetische Wahrnehmung	☐ Konzentration	☐ Syntax / Morphologie
☐ Vestibuläre Wahrnehmung	☑ Koordination	☐ Kommunikation

POLIZIST – WER DARF FAHREN?

Material: keines

Ein Kind spielt den Polizisten, der auf der einen Seite des Raumes steht: Die anderen sind Fahrzeuge, sie stehen auf der gegenüberliegenden Seite und dürfen den „Platz" nur überqueren, wenn sie ein bestimmtes Fahrzeug darstellen:

Die Gruppe ruft: „Polizist – wer darf fahren?"

Polizist: „Autos" (auch Motorräder, Fahrräder, Kinderwagen, Roller, Traktoren …)

Die Gruppe imitiert die Fahrzeuge in ihren Bewegungen und Geräuschen und versucht dabei, auf die andere Seite zu kommen. Wer vom Polizisten eingefangen wird, darf ihn beim nächsten Spieldurchgang unterstützen.

Didaktischer Kommentar

Bei diesem Fangspiel wird nicht nur ein Frage-Antwort-Ritual mit entsprechender Betonung geübt, die Kinder erweitern auch ihren Wortschatz, indem sie Begriffsklassen bilden: Was gehört alles zu Fahrzeugen, über die der Polizist „bestimmt"?

Variation

Der Polizist kann auch eine andere Kategorie nennen, z. B. Tiere (Frösche, Mäuse, Pferde, Affen), die in Lauten und Bewegungen dargestellt werden. Dabei sollten in jedem Spieldurchgang alle aufgerufenen Beispiele jeweils einer Kategorie angehören (also nicht wechseln zwischen der Nennung von Fahrzeugen und Tieren).

Prosodie

☑ Auditive Wahrnehmung	☑ Körpersprache	☑ Prosodie
☐ Visuelle Wahrnehmung	☐ Mundmotorik	☑ Wortschatz
☐ Taktile Wahrnehmung	☐ Atmung	☐ Phonologisches Bewusstsein
☑ Kinästhetische Wahrnehmung	☐ Konzentration	☐ Syntax / Morphologie
☐ Vestibuläre Wahrnehmung	☑ Koordination	☐ Kommunikation

FERNGESTEUERTES FLUGZEUG

Material: keines

Die Kinder spielen Flugzeug: Sie bewegen sich mit ausgebreiteten Armen durch den Raum und machen Flugzeuggeräusche. Die Flugzeuge werden ferngesteuert. Zunächst durch die Stimme der Erzieherin, die ein langgezogenes Aaaaaa in verschiedenen Höhen produziert (die Motorengeräusche). Sind die Töne hoch, fliegt das Flugzeug hoch in der Luft (aufrecht durch den Raum laufen); sind die Stimmgeräusche tief, fliegt das Flugzeug tief über dem Boden (gebückt durch den Raum laufen). Die Rolle wird dann von einem Kind übernommen.

Didaktischer Kommentar

Zunächst sollte die Erzieherin die Rolle der „Fernsteuerung“ übernehmen, um den Kindern die Vielfalt der stimmlichen Begleitung zu verdeutlichen. Durch das Spiel wird die Modulationsfähigkeit der Stimme geübt. Sie kann laut und leise, zart und kräftig sein, hohe Töne und tiefe Töne produzieren und hat damit eine jeweils andere Ausdrucksqualität. Die Modulation des stimmlichen Ausdrucks korrespondiert mit dem Bewegungsausdruck.

Variation

Das Spiel kann auch als Partneraufgabe durchgeführt werden: Einer spielt das Flugzeug, der andere gibt die Motorengeräusche wieder.

Prosodie

- ☐ Auditive Wahrnehmung
- ☐ Visuelle Wahrnehmung
- ☐ Taktile Wahrnehmung
- ☑ Kinästhetische Wahrnehmung
- ☐ Vestibuläre Wahrnehmung
- ☑ Körpersprache
- ☐ Mundmotorik
- ☐ Atmung
- ☐ Konzentration
- ☑ Koordination
- ☑ Prosodie
- ☑ Wortschatz
- ☐ Phonologisches Bewusstsein
- ☐ Syntax / Morphologie
- ☐ Kommunikation

PFERDESCHULE

Material: keines

In der Pferdeschule müssen alle Pferde die verschiedenen Gangarten lernen: Im Schritt gehen, traben, galoppieren. Die Erzieherin kann die Bewegungen der Kinder durch Klatschen begleiten.

Zu diesem Rhythmus erfinden die Kinder einen „Pferdespruch“:

Zuerst ganz langsam, Tritt für Tritt, gehen alle Pferde noch im Schritt

(langsam sprechen)

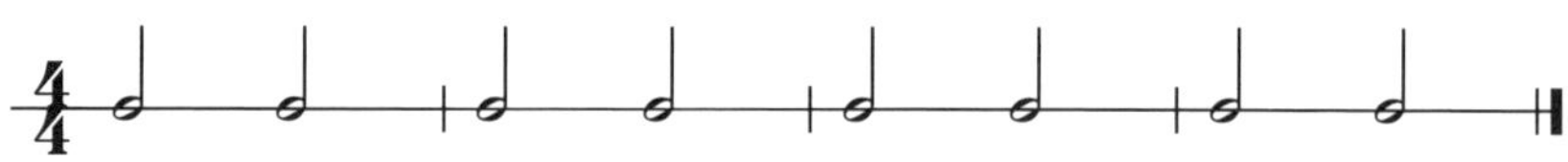

Doch dann wird’s schneller auf und ab, die Pferde laufen jetzt im Trab

(schneller sprechen)

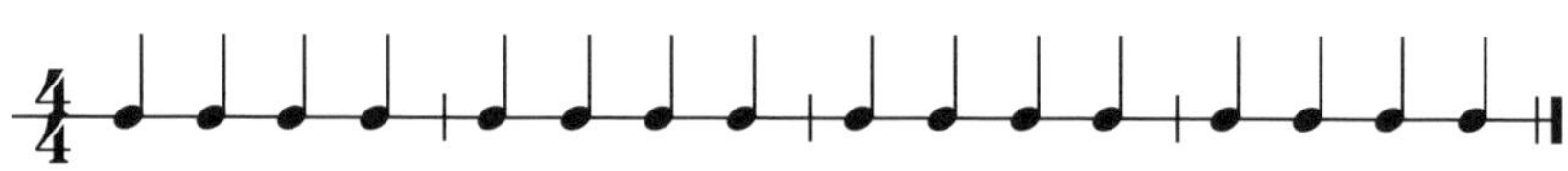

Und hopp und hopp, und hopp hopp hopp, die Pferdchen springen im Galopp

(akzentuiertes Sprechen)

Didaktischer Kommentar

Der Rhythmisierung der Bewegung folgt die Rhythmisierung der sprachlichen Begleitung. Der Rhythmus ist für die Kinder am leichtesten durch die Bewegung zu erfahren (klatschen, gehen, laufen, hüpfen, galoppieren), danach lässt er sich auch auf die Sprache übertragen.

Neben dem Gefühl für Betonung und Akzentuierung der Sprache (den prosodischen Merkmalen) wird durch die Benennung der verschiedenen Fortbewegungsformen auch eine Erweiterung des Wortschatzes erreicht.

Variation

Jeweils zwei Kinder haben ein Seil, eines spielt das Pferdchen, das andere den Kutscher. Dem Pferdchen wird ein Seil umgelegt. An diesen Zügeln wird es vom Kutscher durch den Raum geführt. Der Kutscher kann dem Pferdchen durch akustische Signale (Schritt; trab, trab; ga-lopp, ga-lopp …) Tempo und Rhythmus der Bewegung vorgeben.

9.2 Phonologie – Phonologisches Bewusstsein

Die Übung der phonologischen Bewusstheit beginnt mit Spielen zur Differenzierung der auditiven Wahrnehmung. Die Kinder lauschen, üben ihre Fähigkeit, Geräusche wahrzunehmen, Klänge zu unterscheiden, um damit auch die Sensibilität für die feinen Nuancen der Laute in der Sprache zu entwickeln.

In einem nächsten Schritt werden die Kinder selbst mit ihrer Stimme aktiv: Flüstern, Nachahmen von Tierlauten oder Autogeräuschen führt dazu, dass sie neben der Modulationsfähigkeit der Stimme auch das bewusste Artikulieren üben.

Reime führen die Kinder weiter in das bewusste Wahrnehmen der Laute: Parallelen in der Lautstruktur der Wörter werden entdeckt oder selbst gefunden und in Bewegung umgesetzt. Dies kann kleinräumig in Form von Fingerspielen erfolgen oder aber großräumig durch Bewegungsaktivitäten, die auch die Grobmotorik einbeziehen. Dann werden die Wörter selbst zum Gegenstand des Spiels: Wörter werden in Silben zerlegt und rhythmisiert, hier hilft die Bewegung, die akustische Einheit von Silben bewusst wahrzunehmen, indem sie geklatscht, mit Schritten versehen, gehüpft oder gesprungen werden. Aus wie vielen Silben (bzw. Sprüngen) besteht der E-le-fant, das Kro-ko-dil? Hier hilft die Bewegung, ein Wort in Silben zu zerlegen. Die Kinder finden lange Wörter (mit vielen Silben, vielen Sprüngen) und Wörter, die nur aus einer einzigen Silbe bestehen.

Im letzten Schritt spielen die einzelnen Laute eine Rolle: Wörter mit dem gleichen Anlaut werden gesucht (Banane, Brett, Besen). Mit älteren Kindern lassen sich auch Spielideen durchführen, in denen Einzellaute im Vordergrund stehen. Auch hier hat die Übung Spielcharakter, die Bewegung und die darin enthaltene Spielhandlung unterstützt die Motivation und die Zusammenarbeit in der Gruppe.

Phonologie

☑ Auditive Wahrnehmung	☐ Körpersprache	☐ Prosodie
☑ Visuelle Wahrnehmung	☑ Mundmotorik	☑ Wortschatz
☐ Taktile Wahrnehmung	☐ Atmung	☑ Phonologisches Bewusstsein
☐ Kinästhetische Wahrnehmung	☐ Konzentration	☐ Syntax / Morphologie
☐ Vestibuläre Wahrnehmung	☐ Koordination	☐ Kommunikation

TIERLAUTE

Material: Bildkarten mit Abbildungen von Tieren

Aus einem Stapel von Tierbildern zieht sich jedes Kind eine Karte. Es stellt das Tier in Bewegung, vor allem aber mit den zu ihm passenden Lauten dar.

- Der Tiger – faucht,
- der Hahn – kräht,
- die Katze – miaut,
- der Hund – bellt,
- der Frosch – quakt.

Die anderen Mitspieler sollen nun herausfinden, um welches Tier es sich handelt.

Didaktischer Kommentar

Bei dem Spiel sollten nur Bildkarten von Tieren verwendet werden, die eindeutig an Lauten erkennbar sind. Beim Erraten der Tiere sollte auch besprochen werden, wie die Laute der Tiere bezeichnet werden können (Wie sprechen die Hühner? Sie gackern.). So werden einerseits Lautbildung und Lautdifferenzierung spielerisch geübt, anderseits wird die Artikulation verbessert und der Wortschatz erweitert.

Variation

Jede Tierkarte ist zweimal vorhanden. Die Kinder sollen ihren Partner finden, indem sie genau hören, ob es Laute gibt, die den Lauten des eigenen Tiers ähnlich sind.

Phonologie

☑ Auditive Wahrnehmung	☑ Körpersprache	☐ Prosodie
☐ Visuelle Wahrnehmung	☐ Mundmotorik	☑ Wortschatz
☐ Taktile Wahrnehmung	☐ Atmung	☑ Phonologisches Bewusstsein
☐ Kinästhetische Wahrnehmung	☐ Konzentration	☐ Syntax / Morphologie
☐ Vestibuläre Wahrnehmung	☐ Koordination	☑ Kommunikation

DIE LACHINSEL

Material: Matten

Im Raum sind Matten verteilt. Sie stellen Inseln im Meer dar, auf denen Menschen leben, die ganz unterschiedliche Gefühle haben: Die fröhlichen Menschen lachen den ganzen Tag, die traurigen weinen, die unzufriedenen meckern und motzen, die ärgerlichen schimpfen, die albernen kichern, die müden schnarchen.
Wenn ein Besucher auf die Insel kommt, wird er sofort vom „Inselfieber" angesteckt: Er wird auch müde und fängt an zu schnarchen, oder er muss die ganze Zeit lachen.
Erst wenn ein Schiff vorbeikommt und die Besucher wieder auflädt, hat der Zauber ein Ende – aber schon landen die Ausflügler wieder auf einer neuen Insel.

Didaktischer Kommentar

Damit die Kinder wissen, welche Insel sie gerade aufsuchen, sollte ein „Inselbewohner" dauerhaft auf der Insel wohnen. Sein „Lachen", sein Schimpfen" steckt an.

Auch bei diesem Spiel werden die Kinder mit ihrer Stimme aktiv. Sie üben Modulation und Artikulation, gleichzeitig aber die Lautbildung und Lautdifferenzierung.

Variation

Die Kinder finden weitere Inseln: Die Pfeifinsel, die Brumminsel, die Heulinsel …

Phonologie

☑ Auditive Wahrnehmung	☐ Körpersprache	☑ Prosodie
☐ Visuelle Wahrnehmung	☐ Mundmotorik	☑ Wortschatz
☐ Taktile Wahrnehmung	☐ Atmung	☑ Phonologisches Bewusstsein
☐ Kinästhetische Wahrnehmung	☐ Konzentration	☐ Syntax / Morphologie
☐ Vestibuläre Wahrnehmung	☐ Koordination	☐ Kommunikation

LANGE WÖRTER – KURZE WÖRTER

Material: keines

Die Kinder sollen ein Kleidungsstück suchen, das mit einem kurzen Wort benannt ist (Hut), dann ein Kleidungsstück, das aus einem sehr langen Wort besteht (Regenmantel). Wie oft kann man zu den einzelnen Teilen (Silben) des Wortes klatschen?

Statt zu klatschen, können die Kinder auch zu jeder Silbe einen Schritt nach vorne gehen oder springen. Mit welchem Wort kommt man am weitesten voran?

Didaktischer Kommentar

Die Kinder erkennen, dass die Wörter in Silben zerlegt und wieder zusammengesetzt werden, sie entwickeln Sprachgefühl, üben die Aussprache und lernen, Wortsilben zu erkennen. Durch die Entfernung, die sie beim Springen und Hüpfen der Silben überwinden, erkennen sie auch räumlich, ob es ein langes oder ein kurzes Wort war.

Variation

Die Kinder werden aufgefordert, Wörter zu suchen, zu denen man einmal hüpfen kann (Topf, Huhn, Schiff), zweimal (Fuß-ball, Blume, Schu-le), dreimal hüpfen (Te-le-fon, Le-ber-wurst, Bil-derbuch) oder gar viermal hüpfen kann: Scho-ko-la-de, Kin-der-garten, Mar-me-la-de.

Phonologie

☑ Auditive Wahrnehmung	☐ Körpersprache	☑ Prosodie
☐ Visuelle Wahrnehmung	☐ Mundmotorik	☑ Wortschatz
☐ Taktile Wahrnehmung	☐ Atmung	☑ Phonologisches Bewusstsein
☐ Kinästhetische Wahrnehmung	☐ Konzentration	☐ Syntax / Morphologie
☐ Vestibuläre Wahrnehmung	☑ Koordination	☐ Kommunikation

DIE SILBENKÖNIGIN

Material: keines

Zunächst spielt die Pädagogin die Königin: Sie nennt ein Verb, das in Handlung dargestellt werden kann (ein Wort, das man „tun" kann), und spricht es rhythmisch in Silben aus: ge-hen (oder später: ba-lan-cie-ren). Das „Volk" der Königin muss dieses Wort nun in seinen Silben darstellen, also gehen, und dabei auf jede Silbe einen Schritt machen. Dabei kann das Wort auch immer wieder hintereinander ausgesprochen werden: ge-hen, ge-hen.

Das Tempo kann sich steigern, sodass Sprechen und Gehen schneller werden, es kann aber auch langsamer werden – dann werden auch die Bewegungen langsamer. Werden die Wörter kraftvoll ausgesprochen, wird das Gehen dynamischer, werden sie leicht und leise ausgesprochen, erfolgt das Gehen vorsichtiger.

Dies kann man auch mit anderen, schwierigeren Bewegungsverben ausprobieren: ba-lan-cie-ren, wan-dern, mar-schie-ren, rennen, tor-keln, flie-gen, dre-hen, tan-zen, schlei-chen, rei-ten …

Didaktischer Kommentar

Auch bei diesem Spiel stehen die Zerlegbarkeit der Silben und das bewusste Aussprechen der einzelnen Laute im Vordergrund.

Variation

Anstelle der Bewegungsverben wählt die „Silbenkönigin" andere Wortgruppen: Kleidungsstücke, Automarken etc.

Phonologie

☑ Auditive Wahrnehmung	☐ Körpersprache	☑ Prosodie
☐ Visuelle Wahrnehmung	☐ Mundmotorik	☐ Wortschatz
☐ Taktile Wahrnehmung	☐ Atmung	☑ Phonologisches Bewusstsein
☐ Kinästhetische Wahrnehmung	☑ Konzentration	☐ Syntax / Morphologie
☐ Vestibuläre Wahrnehmung	☑ Koordination	☐ Kommunikation

KLATSCHSPIELE

Material: keines

Zwei Kinder stehen sich gegenüber und klatschen sich beim ersten Teil jeder Zeile in die eigenen Hände, bei den letzten drei Silben in die Hände des Partners.

„Bei Müllers hat's ge-brannt – brannt – brannt
Da kam der Müller an-ge-rannt
Mit seiner Frau E-lisa-beth
Die kam grad aus dem Bett – Bett – Bett
Elisabeth – die – lach-te
Bis das Bett – dann – krach-te
Ist schnell aus dem Haus ge-lau-fen
Musste sich ein neues kau-fen."

Didaktischer Kommentar

Reime lenken die Aufmerksamkeit der Kinder auf den Klang der Sprache. Hier ist weniger der Inhalt wichtig, sondern eher die Form. Deswegen sind bei Reimspielen und Abzählversen oft keine tiefgründigen Inhalte erkennbar – es geht um den Spaß an sprachlichen Kombinationen.

Variation

Weitere überlieferte oder selbst erfundene Reime mit Bewegungsformen (Klatschen, Stampfen, Springen) verbinden.
Seilspringen mit Reimen verbinden.

9.3 Semantik und Lexikon – Wortbedeutung, Wortschatz und Begriffsbildung

Der Aufbau des aktiven und passiven Wortschatzes kann ebenso wie der Erwerb von Wortbedeutungen durch Bewegungsspiele unterstützt werden. Wie viele unterschiedliche Varianten des Gehens gibt es? Beim Schleichen, Schlurfen und Stampfen lernen die Kinder nicht nur die Bewegungsqualitäten, sondern auch die dazugehörigen Begriffe kennen. Sie benennen die Gegenstände, mit denen sie sich bewegen (Reifen, Kreisel, Balancierbrett) und ordnen sie in ein Kategoriensystem ein (zu den Bällen gehören sowohl Tischtennisbälle, Wasserbälle als auch Schaumstoffbälle – obwohl sie ganz unterschiedlich groß und aus unterschiedlichem Material sind) und erfinden neue Namen für ihre Geräte (Hüpfball, Sprungball, Flugball, Riesenball).

Wortschatzerweiterung

☐ Auditive Wahrnehmung	☑ Körpersprache	☐ Prosodie
☐ Visuelle Wahrnehmung	☐ Mundmotorik	☑ Wortschatz
☐ Taktile Wahrnehmung	☐ Atmung	☑ Phonologisches Bewusstsein
☑ Kinästhetische Wahrnehmung	☐ Konzentration	☑ Syntax / Morphologie
☐ Vestibuläre Wahrnehmung	☑ Koordination	☐ Kommunikation

AUSFLUG NACH HÜPFSTADT

Material: keines

In den Ferien geht es auf die Reise in seltsame Städte: nach Klatschhausen, nach Trampelstadt, nach Rutschdorf, nach Hüpfstadt, Kriechdorf, Springburg und nach Schleichhausen.

Die Bewohner dieser Stadt bewegen sich den ganzen Tag entsprechend dem Namen der Stadt. Sie klatschen, trampeln, rutschen über den Boden, hüpfen, springen, kriechen oder schleichen. Gemeinsam mit der Pädagogin finden die Kinder neue Städte oder Dörfer, besuchen die Einwohner und hüpfen, springen mit ihnen.

Didaktischer Kommentar

Die Kinder sollten selbst am Finden neuer Städtenamen beteiligt werden, damit sie das Prinzip der Wortkombination erkennen.

Variation

Die Pädagogin spielt den Bewohner einer Stadt und zeigt den Kindern durch entsprechende Bewegungen, wo er wohnt. Die Kinder versuchen, den Namen der Stadt zu erraten, und dürfen dann alle zusammen einen Ausflug in die Stadt machen.

Wortschatzerweiterung

☐ Auditive Wahrnehmung	☐ Körpersprache	☐ Prosodie
☑ Visuelle Wahrnehmung	☐ Mundmotorik	☑ Wortschatz
☐ Taktile Wahrnehmung	☐ Atmung	☐ Phonologisches Bewusstsein
☐ Kinästhetische Wahrnehmung	☑ Konzentration	☐ Syntax / Morphologie
☐ Vestibuläre Wahrnehmung	☐ Koordination	☐ Kommunikation

POST VERTEILEN

Material: Blätter mit aufgezeichneten geometrischen Formen (Kreis, Quadrat, Dreieck), Bierdeckel (oder Pappscheiben) mit entsprechenden kleineren Formen

Im Raum verteilt liegen Blätter auf dem Boden, auf denen Formen wie ein Kreis, ein Viereck oder ein Dreieck aufgezeichnet sind (die Blätter können auch an der Wand aufgehängt werden). Die Kinder spielen Briefträger, die Pädagogin spielt das Postamt. Die Kinder erhalten von der Pädagogin jeweils einen Bierdeckel (oder eine Pappscheibe), auf dem eine entsprechende Form abgebildet ist. Das ist ein „Brief" und die Pädagogin sagt, wohin er gebracht werden soll („Ein Kreis, der muss zu dem Kreishaus", „Oh – ein Viereck, das muss zu dem Viereckhaus").

Die Kinder bringen die Post zu dem entsprechenden Haus (später können sie die Briefadresse dann selber nennen).

Didaktischer Kommentar

Auch bei der Erstellung der Vorlagen können die Kinder beteiligt werden. Können die Kinder die Bedeutung der Symbole erkennen?

Variation

Die Symbole erweitern (in benennbare Formen: Schlangenform, Zickzackform) oder: Die Symbole in unterschiedlichen Farben zeichnen. Dann muss nicht nur die Form, sondern auch die Farbe benannt und entsprechend gesucht werden („Post für das rote Dreieck").

Wortschatzerweiterung

☐ Auditive Wahrnehmung	☑ Körpersprache	☐ Prosodie
☑ Visuelle Wahrnehmung	☐ Mundmotorik	☑ Wortschatz
☐ Taktile Wahrnehmung	☐ Atmung	☐ Phonologisches Bewusstsein
☐ Kinästhetische Wahrnehmung	☐ Konzentration	☐ Syntax / Morphologie
☐ Vestibuläre Wahrnehmung	☑ Koordination	☑ Kommunikation

DIE WUNSCHMASCHINE

Material: keines

Oft erzählen die Kinder, was sie sich alles zu Weihnachten oder zum Geburtstag wünschen. Viele Wünsche sind unerfüllbar – da hilft nur eine Wunschmaschine, die alle Wünsche erfüllen kann!

Die Kinder erfinden eine Wunschmaschine. Sie zeigen den anderen pantomimisch, was die Wunschmaschine alles zaubern kann. Wenn man die Wunschmaschine besitzt, kann man den anderen einen Wunsch darstellen – und schon hat man das unsichtbare Spielzeug, mit dem man richtig etwas machen kann. Zum Beispiel ein Fahrrad: einfach in die Pedale treten, lenken und um die Kurve fahren. Oder einen Hund: auf allen vieren über den Boden krabbeln und bellen. Oder ein Auto – das mit entsprechenden Geräuschen durch den Raum düst.

Die anderen Kinder schauen zu und raten, was die Wunschmaschine gerade gezaubert hat. Ist der Gegenstand richtig benannt, bekommt ein anderes Kind die Wunschmaschine.

Didaktischer Kommentar

Um die Fantasie der Kinder anzuregen, kann die Pädagogin auch einmal die Wunschmaschine besitzen – und sich ein Reitpferd oder eine Gitarre wünschen.

Variation

Die Wunschmaschine kann nur ganz bestimmte Wünsche erfüllen, z. B. ein Musikinstrument, ein Sportgerät …

Wortschatzerweiterung

☐ Auditive Wahrnehmung	☐ Körpersprache	☐ Prosodie
☐ Visuelle Wahrnehmung	☐ Mundmotorik	☑ Wortschatz
☑ Taktile Wahrnehmung	☐ Atmung	☐ Phonologisches Bewusstsein
☐ Kinästhetische Wahrnehmung	☑ Konzentration	☑ Syntax / Morphologie
☐ Vestibuläre Wahrnehmung	☑ Koordination	☐ Kommunikation

FUSSBALL – NASENBALL

Material: Luftballons

Die Kinder haben jeweils einen Luftballon und versuchen, ihn mit verschiedenen Körperteilen in die Luft zu spielen. Sie sollen den Körperteil benennen, mit dem sie den Ballon berühren.

Didaktischer Kommentar

Wichtig ist zu beobachten, ob die Kinder die Körperteile kennen und sie benennen können. Die Pädagogin kann daher die Körperteile, mit denen die Kinder den Ballon hochspielen, zunächst selber benennen. „Die Nase – das war ein Nasenball, und der Fuß – ein Fußball."

Variation

Die Pädagogin gibt die Körperteile vor, mit denen der Ballon angestoßen werden soll. Dabei nennt sie auch „schwierigere" Körperteile: Daumen, Rücken, Zehen, Ellenbogen.

Wortschatzerweiterung

☐ Auditive Wahrnehmung	☐ Körpersprache	☐ Prosodie
☐ Visuelle Wahrnehmung	☐ Mundmotorik	☑ Wortschatz
☑ Taktile Wahrnehmung	☐ Atmung	☐ Phonologisches Bewusstsein
☐ Kinästhetische Wahrnehmung	☑ Konzentration	☑ Syntax / Morphologie
☐ Vestibuläre Wahrnehmung	☑ Koordination	☐ Kommunikation

FÜHLSACK

Material: Kopfkissenhülle; Gegenstände, die sich gut zum Ertasten eignen

In einem Kopfkissenbezug sind viele kleine geheimnisvolle Dinge (je nach Jahreszeit z. B. ein Tannenzapfen, eine Glocke, ein Weihnachtsstern) verborgen. Die Kinder dürfen mit einer Hand in den Sack greifen und einen Gegenstand ertasten. Sie beschreiben, was sie erfühlen, und versuchen herauszufinden, um welchen Gegenstand es sich handelt.

Fühlt sich der Gegenstand warm oder kalt an, ist er hart oder weich? Auch die mitspielenden Kinder können helfen, den Gegenstand zu bestimmen.

Didaktischer Kommentar

Die Pädagogin sollte auf die Beschreibungen der Kinder eingehen und nachfragen: „Wie fühlt er sich an, ist er eher rund oder spitz?“ (also auf Gegensatzpaare hinweisen und die Kinder einordnen lassen). Sie sollte auch Aussagen der Kinder wiederholen: „Du meinst, das Ding ist hart und rund?“

Variation

Statt den Gegenstand zu beschreiben, kann das Kind auch aufzählen, was man mit dem Gegenstand machen kann.

Wortschatzerweiterung

☐ Auditive Wahrnehmung	☐ Körpersprache	☐ Prosodie
☐ Visuelle Wahrnehmung	☐ Mundmotorik	☑ Wortschatz
☐ Taktile Wahrnehmung	☐ Atmung	☐ Phonologisches Bewusstsein
☐ Kinästhetische Wahrnehmung	☐ Konzentration	☐ Syntax / Morphologie
☐ Vestibuläre Wahrnehmung	☑ Koordination	☐ Kommunikation

ZAUBERWORTE

Material: mehrere Seile

Mehrere Kinder haben jeweils zu zweit ein Seil, das sie im Raum gespannt halten. Die Seile sind Schranken. Die anderen Kinder spielen Autofahrer, sie bewegen sich (gehen, laufen) im Raum. Wenn sie an eine Schranke kommen, müssen sie ein Zauberwort sagen: „Drunter" oder „Drüber". Dann werden die Schranken entsprechend hoch oder tief gehalten, sodass sie darübersteigen oder darunter durchkriechen können.

Didaktischer Kommentar

Bei diesem Spiel werden die Präpositionen „über" und „unter" eingeübt – in einem Sinnzusammenhang, der den Kindern einsichtig ist. Mit den Präpositionen kann man das Verhältnis eines Gegenstandes zu einem anderen angeben, aber auch, welche Position ein Gegenstand oder ein Mensch gegenüber einem anderen Menschen einnimmt.

Variation

Das Spiel kann auch mit Rollbrettern ausgeführt werden. Die Kinder spielen damit Auto und fahren durch den Raum. Reifen sind als Parkplätze auf dem Boden ausgelegt. Wollen die Autofahrer einen Parkplatz aufsuchen, sagt ihnen der Parkplatzwärter (Kind oder Erzieherin) mit dem Zauberwort, wo sie parken dürfen: vor den Reifen, dahinter oder daneben …

Wortschatzerweiterung

☐ Auditive Wahrnehmung	☐ Körpersprache	☐ Prosodie
☐ Visuelle Wahrnehmung	☑ Mundmotorik	☑ Wortschatz
☐ Taktile Wahrnehmung	☐ Atmung	☐ Phonologisches Bewusstsein
☐ Kinästhetische Wahrnehmung	☐ Konzentration	☐ Syntax / Morphologie
☐ Vestibuläre Wahrnehmung	☐ Koordination	☐ Kommunikation

BIENEN IN DER BÄCKEREI

Material: Stühle

Die Kinder stellen Bienen dar, die durch den Raum (die Bäckerei) schwirren (dabei summen). Die Pädagogin spielt eine Bäckersfrau, die die Bienen vom Kuchen (Stühle) verjagen will, aber immer gibt die Bienenkönigin an, wo sich die Bienen diesmal auf dem Kuchen niederlassen: Sie sitzen auf dem Kuchen, hinter dem Kuchen, vor dem Kuchen, fliegen über den Kuchen, sitzen zwischen zwei Kuchenstückchen, verstecken sich unter dem Kuchen … Wenn die Bäckerin in die Hände klatscht, fliegen alle Bienen weiter, bis sie von ihrer Bienenkönigin den nächsten Befehl bekommen.

Didaktischer Kommentar

Bewegungsspiele sind gut geeignet, um die Bedeutung der Präpositionen zu verstehen und sich die Begriffe zu merken. Kinder können einfache Positionen bereits mit drei bis vier Jahren unterscheiden. Was ist auf, unter, hinter oder vor dem Tisch?

Variation

Anstelle der Stühle können Zeitungen oder Reifen benutzt werden.

9.4 Grammatik und Syntax

Bewegungsangebote können die Kinder beim Entdecken des Regelsystems der Sprache unterstützen. Dabei geht es zum Beispiel um die Mehrzahlbildung, um die Wortstellung oder um aktive und passive Verbformen. In Bewegungsspielen nehmen sie aktive und passive Rollen ein, sie schieben ihre Spielpartner auf dem Rollbrett und werden geschoben, und sie üben bei diesen Spielhandlungen gleichzeitig die Veränderung der Verben. Sie lernen Steigerungen in der Bewegung kennen, springen weit und noch weiter, laufen schnell, noch schneller, wer war der Schnellste? So wird im Tun die grammatikalische Struktur der Sprache erfahren.

Grammatik / Syntax

☐ Auditive Wahrnehmung	☐ Körpersprache	☐ Prosodie
☐ Visuelle Wahrnehmung	☐ Mundmotorik	☐ Wortschatz
☐ Taktile Wahrnehmung	☐ Atmung	☐ Phonologisches Bewusstsein
☐ Kinästhetische Wahrnehmung	☑ Konzentration	☑ Syntax / Morphologie
☐ Vestibuläre Wahrnehmung	☑ Koordination	☐ Kommunikation

TRANSPORTER

Material: Rollbretter, Material zum Beladen der Fahrzeuge (Schaumstoffteile, Sandsäckchen etc.)

Die Kinder haben Rollbretter und spielen damit Transporter. Sie laden Steine (Schaumstoffteile) und Säcke (Sandsäckchen) auf. Dafür gibt es einen „Verkaufsstand", an dem sie beim Einkaufen jedes Mal benennen, welches Material sie mitnehmen wollen: Einen Sack oder zwei Säcke Mehl? Einen Stein – zwei Steine? Die Erzieherin spielt als Verkäuferin mit und fragt nach: „Wie viele Steine brauchen Sie?"

Didaktischer Kommentar

Die Wortbildung (Plural) wird hier im Sinnzusammenhang geübt. Die Spielgeräte werden in der Einzahl oder in der Mehrzahl benötigt. Die Erzieherin ist in ihrer Rolle als Verkäuferin sprachliches Vorbild, an dem sich die Kinder orientieren können. Sie provoziert aber auch mit Fragen und wiederholt korrigierend, wenn Kinder einen falschen Plural gebildet haben („du hast drei Säcke aufgeladen").

Variation

Die oben angeführten Beispiele können auch zur Satzbildung genutzt werden: „Ich lade die Bausteine auf", „Ich will drei Säcke". Die Erzieherin sollte entsprechende Fragen stellen: „Warum brauchst du drei Sandsäcke?"

Grammatik / Syntax

☐ Auditive Wahrnehmung	☑ Körpersprache	☐ Prosodie
☐ Visuelle Wahrnehmung	☐ Mundmotorik	☐ Wortschatz
☐ Taktile Wahrnehmung	☐ Atmung	☐ Phonologisches Bewusstsein
☑ Kinästhetische Wahrnehmung	☐ Konzentration	☑ Syntax / Morphologie
☐ Vestibuläre Wahrnehmung	☑ Koordination	☐ Kommunikation

ICH BIN DER KÖNIG

Material: Tennisring oder Hut

Ein Kind spielt den König, der seinen Untertanen im Land befiehlt, wie sie sich zu bewegen haben. Der König setzt sich eine Krone auf den Kopf (einen Hut oder einen Tennisring) und sagt: „Ich bin der König – und in meinem Königreich hüpfen alle auf einem Bein." Nachdem alle seiner Anordnung gefolgt sind, gibt er die Krone an ein anderes Kind weiter. Dieses gibt wieder eine neue Anweisung. „Ich bin die Königin – und in meinem Königreich strecken alle beim Gehen die Arme in die Luft." Bei jedem Durchgang sollten die Kinder wechseln, sodass alle mal König oder Königin sein dürfen.

Didaktischer Kommentar

Bei diesem Spiel können sich die Kinder bestimmte Satzmuster aneignen und durch das wiederholte Üben auch festigen. Durch ständig wechselnde Bewegungsformen wird das Üben nicht eintönig, die Kinder nehmen nebenbei auch die von den anderen Kindern gesprochenen Satzmuster wahr.

Variation

Wenn die Benennung der Aktivitäten den Kindern noch Schwierigkeiten bereitet, können die Sätze auch vereinfacht werden: „Ich bin der König – und in meinem Königreich machen alle so…"; dann wird die Fortbewegungsform gezeigt und alle anderen übernehmen sie. Die Erzieherin kann kommentieren: „Aha – auf einem Bein hüpfen."

Grammatik / Syntax

☐ Auditive Wahrnehmung	☐ Körpersprache	☐ Prosodie
☐ Visuelle Wahrnehmung	☐ Mundmotorik	☐ Wortschatz
☑ Taktile Wahrnehmung	☐ Atmung	☐ Phonologisches Bewusstsein
☑ Kinästhetische Wahrnehmung	☐ Konzentration	☑ Syntax / Morphologie
☐ Vestibuläre Wahrnehmung	☑ Koordination	☑ Kommunikation

AUTOWASCHANLAGE

Material: Schaumstoffsteine, Material zum Bau eines Tunnels (Bänke, Matten)

Die Kinder bauen einen Tunnel aus einer Bank und darüberliegenden Matten. Mit Rollbrettern fahren sie durch den Tunnel. Am Ende des Tunnels gibt es eine Autowaschanlage und -polierstation. Die Autofahrer werden hier mit Tennisbällen, die über den Rücken gerollt werden, poliert. Sie dürfen das Waschprogramm auswählen und müssen sagen, ob sie ein Sparprogramm, ein Normalprogramm oder ein Superprogramm haben wollen. Entsprechend intensiv fällt die Autopolitur aus. Sie können auch Einzelteile des Autos waschen lassen: „Meine Räder sind schmutzig, ich bin durch eine Pfütze gefahren."

Didaktischer Kommentar

Bereits beim Bau des Tunnels ergeben sich Möglichkeiten, die Wortstellung im Satz zu üben und z. B. Kausalsätze zu formulieren: „Ich brauche die Bausteine, weil ich einen Tunnel bauen will." Die Erzieherin kann durch Fragen und Kommentare die Bildung von Satzmustern unterstützen.

Variation

Am Tunnelausgang muss für die Politur bezahlt werden. Die Erzieherin nutzt diese Gelegenheit für das Üben bestimmter Satzmuster: „Das kostet fünf Euro", „Wie viel kostet das?" etc.

9.5 Pragmatik / Kommunikative Fähigkeiten

Jede in der Gruppe ausgeführte Bewegungsspielsituation macht kommunikatives Handeln erforderlich: Die Kinder müssen sich auf eine Spielidee einigen, Regeln aushandeln und Rollen festlegen: Wer ist als Erster der Fänger, wer geht beim Kreisspiel in die Mitte?

Beim Bauen und Konstruieren von Bewegungslandschaften werden von den Kindern Geräte transportiert und miteinander kombiniert. Der Aufbau der Gerätekombinationen erfordert Absprachen: Welches Material wird benötigt, was soll die Gerätekombination bedeuten? Die Erzieherin begleitet die Kinder bei ihrem Tun, greift ihre Spielideen auf und regt sie durch Fragen zum Verbalisieren ihrer Pläne an.

Kommunikation

☑ Auditive Wahrnehmung	☐ Körpersprache	☐ Prosodie
☐ Visuelle Wahrnehmung	☐ Mundmotorik	☐ Wortschatz
☐ Taktile Wahrnehmung	☐ Atmung	☐ Phonologisches Bewusstsein
☐ Kinästhetische Wahrnehmung	☐ Konzentration	☑ Syntax / Morphologie
☐ Vestibuläre Wahrnehmung	☐ Koordination	☑ Kommunikation

SPRACHROHRE

Material: Leerrohre in unterschiedlichen Längen, Kartons (Bananenkartons)

Jeweils zwei Kinder haben ein Leerrohr. Sie spielen damit Telefonieren. Nacheinander sprechen sie hinein – wobei der andere jeweils das Rohr an das Ohr hält und zuhört (leise sprechen – das Rohr verstärkt die Schallwellen wie ein Lautsprecher). Fragen und Antworten werden formuliert.

Mit Bananenkartons bauen sich die Kinder Häuser und Boote. Alle haben ein Rohrtelefon und verständigen sich, wenn sie sich besuchen wollen.

Didaktischer Kommentar

Bei diesem Spiel wird Hören und Sprechen im Wechsel geübt. Die Erzieherin sollte die Kinder darauf aufmerksam machen, leise zu sprechen, denn selbst das leiseste Flüstern kann man am anderen Ende gut hören. Die Bananenkartons regen das Rollenspiel an.

Variation

Telefonleitung: Mit sehr langen Rohren kann man auch zwischen zwei Räumen telefonieren – sodass sich beide Sprecher nicht mehr sehen können.

Kommunikation

☐ Auditive Wahrnehmung	☐ Körpersprache	☐ Prosodie
☐ Visuelle Wahrnehmung	☐ Mundmotorik	☑ Wortschatz
☐ Taktile Wahrnehmung	☐ Atmung	☐ Phonologisches Bewusstsein
☐ Kinästhetische Wahrnehmung	☐ Konzentration	☑ Syntax / Morphologie
☑ Vestibuläre Wahrnehmung	☑ Koordination	☑ Kommunikation

TANKSTELLE

Material: Rollbretter, Heulrohre in zwei verschiedenen Farben, Pylone

Die Kinder haben Rollbretter und fahren im Raum umher. Mit Hilfe von Pylonen und Heulrohren wird eine Tankstelle aufgebaut, in der die Autofahrer tanken können. Es gibt Rohre in zwei verschiedenen Farben: Aus dem roten Rohr kommt Super-Benzin, aus dem blauen Diesel. Die Pädagogin, später auch ein Kind, spielt den Tankwart, der die Autofahrer fragt, was sie tanken wollen.
„Was wollen Sie tanken: Super oder Diesel?"
„Wie viel Liter wollen Sie tanken?"
„Das kostet 50 Euro"
„Gute Fahrt!"

Didaktischer Kommentar

Die Tankstelle gibt Anlässe für Interaktionen zwischen den Kindern. Die Kinder üben den Rollenwechsel bei Gesprächen, Regeln müssen ausgehandelt, Rollen abgestimmt werden.

Variation

Neben der Tankstelle gibt es eine Werkstatt. Die Pädagogin (später ein oder zwei Kinder, die die Rollen übernehmen) repariert defekte Autos (zieht die Schrauben an den Autoreifen nach, füllt die Räder mit Luft auf). Dabei werden die entsprechenden Tätigkeiten benannt.

Kommunikation

- [ ] Auditive Wahrnehmung
- [ ] Visuelle Wahrnehmung
- [ ] Taktile Wahrnehmung
- [ ] Kinästhetische Wahrnehmung
- [x] Vestibuläre Wahrnehmung
- [ ] Körpersprache
- [ ] Mundmotorik
- [ ] Atmung
- [ ] Konzentration
- [x] Koordination
- [ ] Prosodie
- [x] Wortschatz
- [ ] Phonologisches Bewusstsein
- [x] Syntax / Morphologie
- [x] Kommunikation

FERNSEHANSAGER

Material: ein Pappkarton, in dem der Boden ausgeschnitten ist

Ein Pappkarton bietet Gelegenheiten für vielfältige Bewegungsspiele (Springen von Karton zu Karton, mit dem Karton kriechen), er kann jedoch auch Anlass für ein Rollenspiel sein: Die Kinder funktionieren den Karton z. B. in ein Fernsehgerät um. Wer möchte, darf den Ansager spielen. Er darf selbst auswählen, welche Sendung gerade läuft: Die Werbung oder eine Kindersendung.

Die Kinder formulieren einen Werbespruch oder kündigen „das Wetter von morgen" an, sie kommentieren eine Kochsendung oder ein Fußballspiel.

Didaktischer Kommentar

Die Kinder üben sich sowohl im verbalen wie im nonverbalen Ausdrucksvermögen, sie formulieren nicht nur die Ansagen, sondern sind auch im „Fernsehapparat" zu sehen.

Variation

Der Karton animiert Kinder auch zu weiteren Rollenspielen, die ihre Kommunikation und Interaktion unterstützen. So kann der Karton z. B. ein Boot darstellen, in dem man seinen Spielpartner ziehen oder schieben kann. Regeln müssen ausgehandelt, Rollen vereinbart werden.

Kommunikation

☐ Auditive Wahrnehmung	☐ Körpersprache	☐ Prosodie
☐ Visuelle Wahrnehmung	☐ Mundmotorik	☑ Wortschatz
☐ Taktile Wahrnehmung	☐ Atmung	☐ Phonologisches Bewusstsein
☑ Kinästhetische Wahrnehmung	☐ Konzentration	☑ Syntax / Morphologie
☐ Vestibuläre Wahrnehmung	☑ Koordination	☑ Kommunikation

TAXI NACH LEVERKUSEN

Material: Rollbretter, Kartons, Kästen oder Autoreifen zum Auflegen

Jeweils zwei Kinder haben ein Rollbrett, auf das sie einen Kasten, einen Karton oder einen Autoreifen legen. So entsteht ein Taxi, in das man sich hineinsetzen und in dem man durch den Raum geschoben werden kann. Einer spielt den Taxifahrer, er schiebt den Fahrgast und fragt ihn förmlich: „Wohin soll die Reise gehen?“ Der Fahrgast gibt an, wohin er gefahren werden will: nach Leverkusen oder nach Hamburg? Der Taxifahrer fährt mit ihm eine Runde, setzt ihn am Ziel ab und lässt sich das Fahrgeld auszahlen. Dann werden die Rollen gewechselt.

Didaktischer Kommentar

Die Rituale der Taxifahrt sollten mit den Kinder besprochen werden (wohin soll es gehen, Richtung angeben, Fahrpreis aushandeln): Meist entwickelt sich „im Taxi“ eine angeregte Kommunikation („Schneller – mein Zug fährt gleich ab“, „Nicht so schnell – mir ist schon schlecht“). Die Kinder erfinden Städte, in die sie gefahren werden wollen, und kommen auf witzige Sprachspiele (nach Leverkusen – da gibt es was zum Schmusen; nach Oberweis – da gibt es Schokoeis...).

Variation

Die Fahrgäste steigen während ihrer Fahrt in ein anderes freies Taxi um, die Taxifahrer rufen jeweils das Ziel aus, damit sie neue Fahrgäste bekommen.

10.

Sprachförderung bei Kindern mit migrationsbedingter Zwei-/ Mehrsprachigkeit und Deutsch als Zweitsprache *(Havva Engin)*

In den letzten Jahren haben mehrere Studien die Problematik der unzureichenden deutschen Sprachkenntnisse von Kindern aus sozial benachteiligten Elternhäusern belegt. Die größte Gruppe mit sprachlichen Defiziten bilden Kinder mit Migrationshintergrund, von denen über zwei Drittel in einem sozial schwachen Umfeld groß werden. Jedoch weist mittlerweile auch eine zahlenmäßig zunehmende Gruppe von Kindern mit deutscher Erst-/Mutterspra-

che aus sozial schwachen Familienstrukturen gravierende sprachliche Defizite auf.
Die enge Verbindung zwischen sozialer Herkunft und nicht altersangemessen entwickelten Sprachkenntnissen weisen auch die regelmäßig in allen Bundesländern durchgeführten Schuleingangsuntersuchungen nach. So schneiden Kinder mit Deutsch als Zweitsprache (DaZ-Kinder) bei Sprachstandserhebungsverfahren wie beispielsweise dem HASE (Heidelberger Auditives Screening in der Schuleingangsphase), womit in Baden-Württemberg die Sprachkenntnisse überprüft werden, und dem DELFIN 4 (Diagnostik, Elternarbeit und Förderung der Sprachkompetenz Vierjähriger in NRW) insbesondere in den Bereichen „Nachsprechen von (Kunst-)Wörtern“, „Nachsprechen von Sätzen“ sowie „Wortschatz“ signifikant schlechter ab als einsprachig deutsche Kinder (vgl. Schöler u. a. 2004, Landesregierung NRW 2007).

Zahl der Kinder mit sprachlichen Defiziten wächst

Darüber hinaus diagnostizieren die Schuleingangsuntersuchungen bei sozial benachteiligten Kindern, insbesondere bei Kindern mit türkischem und arabischem Migrationshintergrund, ein sprunghaft angestiegenes Übergewicht, gepaart mit abnehmender Bewegungskompetenz. Dies offenbart sich verstärkt in gravierenden Entwicklungsverzögerungen in der Grob- und Feinmotorik (vgl. Gesundheitsberichterstattung Berlin 2007).

Abnehmende Bewegungskompetenz

Diese besorgniserregenden Untersuchungsergebnisse haben in den letzten Jahren Bildungspolitiker bundesweit zur Implementierung von kontinuierlichen Sprachstandsüberprüfungen und Sprachförderprogrammen veranlasst.

10.1 Bewegungsorientierte Sprachförderung für DaZ-Kinder

In therapeutischen bzw. sprachheilpädagogischen Kontexten ist anerkannt, dass Bewegung einen positiven Einfluss auf die kindliche *Sprachentwicklung* hat. Der in diesem Zusammenhang bekannteste Ansatz ist der der integrierten Sprach- und Bewegungstherapie, die von Olbrich vertreten wird (Olbrich 2004).

Empirisch gesicherte Daten über den Zusammenhang von Sprachentwicklung und motorischer Reife bei Kindern mit Deutsch als Zweitsprache liegen gegenwärtig noch nicht vor. Doch neuere neurobiologische und kognitionspsychologische Studien (vgl. Wendler 2001, Spitzer 2003, Gasse & Dobbelstein 2003) zu kindlicher Sprachentwicklung zeigen, dass es effektiver für den Lernprozess ist, wenn Spracherwerb von Handlung begleitet bzw. mit Handlung verknüpft wird, da dadurch das Wissen im Gehirn vernetzt abgespeichert werden kann. Geht man von der Tatsache aus, dass Kinder einen natürlichen Bewegungstrieb und das Bedürfnis nach sinnlicher Erfahrung haben, so wird deutlich, wie viel Potenzial ein Sprachförderansatz enthält, der Sprache mit Bewegung kombiniert.

Präventive Förderung von Sprache und Motorik

Eine bedeutende Zahl der DaZ-Kinder zeigt in Schuleingangsuntersuchungen (vgl. z. B. Berlin, Schleswig Holstein) eine Merkmalskombination aus nicht altersangemessen ausgebildeten Deutschkenntnissen, Verzögerungen in der motorischen Entwicklung sowie starkem Übergewicht. Daher ist es notwendig, für diese Kinder einen Förderansatz zu konzipieren, in dessen Zentrum die präventive Förderung von Sprache und Motorik steht, die idealerweise im frühen Kindergartenalter beginnt. Warum?

Kinder mit Migrationshintergrund kommen mit heterogenen Deutschkenntnissen in den Kindergarten, und das Deutschlernen bleibt in den meisten Fällen auf institutionelle Kontexte beschränkt. Eine Studie des Deutschen Jugendinstituts mit Kindern im Alter von fünf bis elf Jahren in verschiedenen deutschen Großstädten zeigte, dass im Rahmen der familiären Sprachpraxis 38 % der befragten Kinder ausschließlich die Erst-/Muttersprache verwenden, 50 % einen Sprachenwechsel (Codeswitching/Codemixing) praktizieren und lediglich 12 % Deutsch sprechen (DJI 2000, 82). Am häufigsten sprechen die Kinder mit ihren Müttern die Mutter-/Erstsprache (48 %), am wenigsten mit den Geschwistern (21 %) (vgl. DJI 2000, 87).

Dies könnte damit zusammenhängen, dass viele Migrantenmütter nicht über ausreichende Deutschkenntnisse verfügen und die

Kinder daher gezwungen sind, mit ihnen die meiste Zeit in der Herkunftssprache zu kommunizieren.

Die Ergebnisse der DJI-Untersuchung deuten darauf hin, dass viele Migrantenmütter nicht in der Lage sind, ihren Kindern korrektes, dem kognitiven Entwicklungsstand der Kinder angemessenes Deutsch zu vermitteln, was die Notwendigkeit einer früh ansetzenden sprachlichen Förderung dieser Kinder im Kindergarten nochmals verdeutlicht.

Schwierigkeiten von DaZ-Kindern in den Bereichen Prosodie und Phonologie

Besonders erschwert ist das Deutschlernen bei Kindern, deren Erst-/Herkunftssprachen einer anderen Sprachfamilie als dem Deutschen angehören. Diese Sprachen haben ein anderes Lautsystem, und es gibt große Unterschiede in den Bereichen Grammatik und Syntax (z.B. Türkisch-Deutsch, Polnisch-Deutsch, Chinesisch-Deutsch). In diesen Fällen ist eine intensive Förderung der Kinder in den Bereichen „phonologische Kompetenz" sowie „prosodische Kompetenz" erforderlich.

Am Beispiel des Türkischen sollen im Folgenden kurz die Besonderheiten und Unterschiede dargestellt werden (vgl. Meiers 1980, 66 ff.):

Aussprache

Im Türkischen gibt es weniger Vokale als im Deutschen; folgende Vokale im Deutschen bereiten Kindern mit Türkisch als Erstsprache große Probleme: [ɛ:] (wie in spät); [e:] (wie in Rede); [ɑ] (wie in mache); [o:] (wie in los); [y:] (wie in Düse).

Vokalharmonie

Lautgesetze im Türkischen

Im Türkischen herrschen im vokalischen und konsonantischen Bereich Lautgesetze vor, die verlangen, dass in nahezu allen Wörtern (die Ausnahmen stellen fremdsprachliche Entlehnungen dar) Vokal und Konsonant sich abwechseln. Dabei dürfen in einem Wort nur helle oder dunkle Vokale auftreten und die Vokale in den Endsilben richten sich nach dem Stammvokal, Bsp.: *ev-de-ler* (sind zu Hause).

Insbesondere am Wortanfang kommen keine Doppelkonsonanten vor, was im Deutschen üblich ist. Um den Gesetzen der Vokalharmonie gerecht zu werden, fügen nicht wenige Kinder mit Türkisch als Erstsprache zwischen beide Konsonanten einen Sprossvokal ein; so wird *spielen* als **sch-i-pielen* oder *Brot* als **B-u-rot* ausgesprochen.

Die Herausforderung für Deutsch lernende Kinder aus türkischen Familien besteht also darin, in kürzester Zeit ihr Phoneminventar zu erweitern, weil aufgrund der geringen Zahl an Vokalen im Türkischen ihr diesbezügliches Hörvermögen sowie ihre Sprechmotorik weniger ausdifferenziert sind, als es zum korrekten Gebrauch des Deutschen notwendig ist.

Betonungsmuster

Kurzvokale – Langvokale

Das Türkische kennt keine Langvokale wie in *Ofen* oder *Beet*, sondern nur Kurzvokale wie in *offen* und in *Bett*. Daher haben Kinder mit Türkisch als Erstsprache Schwierigkeiten bei der Aussprache sowie der Worterkennung im Deutschen, weil sie erst trainieren müssen, die Opposition von kurzen und langen Vokalen zu hören.

Wortbildung

Nachsilben

Ein dominantes Kennzeichen des Türkischen ist die Agglutination: Bei der Wortbildung werden nahezu alle grammatischen Kategorien wie z. B. Plural, Kasus, Personalpronomen, Präpositionen, Funktionswörter in Form von Nachsilben (Suffixen) nach einer vorgegebenen Abfolge an den Wortstamm angehängt. Sie tauchen nicht wie im Deutschen als eigenständige Wörter auf (Bsp.: *ev-de*: zu Hause; *ev-im*: mein Haus; *ev-ler:* die Häuser; *ev-imiz*: unsere Häuser).

Pluralbildung

Das Türkische hängt sowohl an Nomen als auch an Verben die Pluralendungen *-ler* oder *-lar* an (*ev-ler:* die Häuser; *ver-ir-ler*: sie werden geben; *gidiyor-lar*: sie gehen), wobei die Pluralendung des Verbs entfallen kann, wenn bereits das Subjekt des Satzes den Plural aufweist. Dies bedeutet, dass die Pluralbildung im Türkischen im Vergleich zum Deutschen relativ einfach ist: Im Deutschen muss der Plural gleichzeitig im Artikel, Nomen, Verb und Attribut ausgewiesen sein (Bsp: *der schneebedeckte Baum – die schneebedeckten Bäume*).

Syntax/ Satzbau

Die Wortstellung im türkischen Satz unterscheidet sich ebenfalls gravierend von den Regeln des deutschen Satzbaus. Normalerweise gilt für das Türkische folgende Wortstellung (vgl. Meiers 1980, 68): Adverb der Zeit, Adverb des Ortes, Adverb der Art, Subjekt, freie Adverbien, angegliederte Sätze, Prädikat (*Dün kreşte çocuk oynarken düştü*: Gestern – im Kindergarten – Kind – beim Spielen – gefallen).

Wortstellung

Demgegenüber ist das Deutsche hinsichtlich der Umstellung des Subjekts und des Prädikats, je nach Art des Satzbeginns (Anna geht jeden Morgen in den Kindergarten – Jeden Morgen geht Anna in den Kindergarten – In den Kindergarten geht Anna jeden Morgen) sehr variantenreich. Besondere Schwierigkeiten bereitet türkisch sprechenden Kindern die unterschiedliche Stellung des Verbs in Aussage- und Fragesätzen (Anna *geht* in den Kindergarten – *Geht* Anna in den Kindergarten? Anna *steht* früh *auf* – *Steht* Anna früh *auf*?), die im Türkischen unverändert bleibt (*Anna yuvaya gidiyor – Anna yuvaya gidiyor mu?*).

Diese Regeln des deutschen Satzbaus müssen von den Kindern systematisch gelernt und immer wieder eingeübt werden, damit sie in den aktiven Sprachgebrauch übernommen werden können.

Fakt ist leider, dass viele Erzieherinnen relativ wenig über die linguistischen Besonderheiten der Migrantensprachen wissen und daher keine Erfahrungen haben, auf welche zu erwartenden Fehlerschwerpunkte der Kinder sie im Deutschen achten müssen (z. B. Artikel- und Präpositionsfehler bei Kindern mit türkischer Erstsprache: „ich Türkei gehen“) und welche grammatisch-syntaktischen Bereiche in der Sprachförderung besonders wichtig sind.

10.2 Grundprämissen der Sprachförderung bei Kindern mit Migrationshintergund

Der integrative Ansatz einer Verknüpfung von Sprach- und Bewegungsförderung für die Arbeit mit Kindern, die Deutsch als Zweitsprache lernen, stellt einen neuen Zugang dar, der in den kommenden Jahren an Bedeutung gewinnen wird.

Integrative Sprach- und Bewegungsförderung

Die Stärke dieses Ansatzes besteht darin, Sprachförderung ganzheitlich und als durchgängiges Prinzip der frühkindlichen Bildung und Erziehung zu sehen und den Fokus stärker auf präventive Förderung zu legen. Seine Grundprämissen lauten:

- Das Verhältnis zwischen den Kindern und dem pädagogischen Personal ist geprägt von Vertrauen und Wertschätzung: Kinder benötigen Raum und Zeit für ihre ganz individuelle Entwicklung – diese Zeit sollte ihnen gewährt werden.
- Erwachsene prägen als sprachliches Vorbild die Entwicklung der Kinder maßgeblich.
- Die vertrauensvolle Zusammenarbeit zwischen Kindergarten und Elternhaus im Sinne einer Erziehungspartnerschaft bildet die Grundlage für das Gelingen.

Organisatorisch-räumliche Grundprämissen

Für eine integrative Sprach- und Bewegungsförderung von DaZ-Kindern müssen bei der täglichen Arbeit keine neuen Fördermaterialien entwickelt werden, denn es liegen bereits viele psychomotorische Materialien vor, in denen Anregungen für unterschiedliche Bewegungsaktivitäten und Wahrnehmungsspiele zu finden sind.

Die Haltung der Pädagogen

Von zentralerer Bedeutung ist eher die Haltung des pädagogischen Personals: Es geht darum, Sprach- und Bewegungsförderung nicht zeitlich und räumlich zu beschränken, sondern in jeder Tätigkeit und Handlung Anlässe für das gemeinsame Lernen zu erkennen.

Des Weiteren muss das Bewusstsein ausgebildet sein, dass Förderarbeit nicht in die Verantwortung von einzelnen Personen gehört, welche diese Aufgabe womöglich nur zeitlich beschränkt ausüben können: Jede pädagogische Fachkraft sollte Sprach- und Bewegungsförderung als Querschnittaufgabe im Kita-Alltag sehen und umsetzen.

10.3 Zentrale Förderschwerpunkte

10.3.1 Phonologie / Phonetik: Artikulation und Sprachwerkzeuge

Entwicklungsbiologisch ist die enge Verbindung zwischen Bewegung und Sprache in der „Sprachmotorik" angelegt, da zum Sprechen bestimmte motorische Prozesse notwendig sind (z. B. dass sich der Kehlkopf hebt, die Lippen und die Zunge koordiniert bewegt werden können).

Mit der Möglichkeit der Bewegung von Sprechorganen und den Artikulationsmöglichkeiten der Stimme kann der Mensch eine Vielfalt an Lauten, Tönen und Geräuschen produzieren.

Die hochkomplexe Fertigkeit der normgerechten Artikulation muss während der individuellen Entwicklung der Erstsprache, die als Mutter- oder Familiensprache bezeichnet wird, schrittweise erlernt werden. Hierzu zählt, dass Kinder ungesteuert lernen, wie Laute kontrastiert und miteinander kombiniert werden, ebenso wie Laute je nach ihrer Stellung im Wort auf unterschiedliche Art und Weise auszusprechen sind.

Bei Kindern, die in zwei- bzw. mehrsprachigen Kontexten aufwachsen, was für die größte Gruppe der Kinder mit Migrationshintergrund zutrifft, müssen die Regeln der normgerechten Artikulation für die zweite Sprache ebenfalls schrittweise angeeignet werden. Gerade für sie ist daher eine klare und verständliche Artikulation des pädagogischen Fachpersonals der Ausgangspunkt und die Basis aller sprachlichen Verständigung und eine „Überlebensfrage", was die weitere Bildungsbiografie der Kinder betrifft.

Erzieherinnen als Sprachvorbild

Dies hat seine Ursache darin, dass sich das Lautinventar verschiedener Sprachen deutlich voneinander unterscheiden kann bzw. unterscheidet. So kann es sein, dass DaZ-Kinder in ihrer Erstsprache Laute zu artikulieren gelernt haben, die sie in die Zweitsprache Deutsch übertragen, auch wenn es diese im Deutschen gar nicht

Aussprache-schwierigkeiten

gibt. Oder sie müssen in der Zweitsprache Deutsch Laute artikulieren lernen, die nicht im Lautinventar ihrer Erstsprache existieren, deren Artikulation also noch gezielt geübt werden sollte. Prominente Beispiele sind z. B. der „ach"-Laut oder die Aussprache der Diphthonge im Deutschen, die es im Türkischen nicht gibt.

Lange und kurze Vokale

Hinzu kommt, dass es im Deutschen kurz und offen gesprochene und lang und geschlossen gesprochene Vokale gibt, die bedeutungsunterscheidend sind. Für eine Reihe von Sprachen wie Türkisch und Russisch sind die genannten Vokalphoneme nur Aussprachevarianten (vgl. Belke 2003, 119 f.). Daher müssen insbesondere in der Arbeit mit Kindern der betreffenden Erstsprachen, in denen die genannten Vokalphoneme nicht bedeutungsunterscheidend sind, die Besonderheiten und Regeln der deutschen Artikulation geübt und verdeutlicht werden.

Auslautverhärtung

Eine weitere artikulatorische Hürde für DaZ-Kinder stellt das Phänomen der „Auslautverhärtung" dar. Dabei handelt es sich um eine Besonderheit, die darin besteht, dass für den deutschen Silbenauslaut stimmlose Konsonanten typisch sind und Konsonanten am Wortende meist stimmlos gesprochen werden (vgl. Belke 2003, 125). Belke macht dies an den Konsonanten ‚p', ‚t', ‚k' deutlich, deren Aussprache nur durch das Verlängern des Wortes ermittelt werden kann (*Rat*/*Räte* aber *Rad*/*Räder*). Hierfür sind grundlegende Kenntnisse der deutschen Grammatik im Hinblick auf die Plural- und Wortbildung notwendig. So kann es vorkommen, dass besonders DaZ-Kinder häufig zur Übergeneralisierung der orthografischen Besonderheiten in Verbindung mit der Auslautverhärtung neigen. Deshalb ist es sinnvoll, dieses sprachliche Phänomen mit dieser Zielgruppe intensiv zu üben.

Konsonantenhäufung

Eine weitere nicht zu vernachlässigende artikulatorische Hürde für DaZ-Kinder stellt das Phänomen der Konsonantenhäufung des Deutschen dar. Insbesondere für Kinder mit türkischer und italienischer Erstsprache bedeutet dies eine Herausforderung. Typisch für die beiden genannten Sprachen ist eine nahezu durchgehende Vokalharmonie, d. h. Vokale und Konsonanten wechseln sich regelmäßig ab; Konsonantenhäufungen kommen kaum vor, außer in Fremdwörtern, die übernommen wurden. DaZ-Kinder mit den beiden o. g. Erstsprachen fügen daher bei der Aussprache von deutschen Wörtern mit einer Konsonantenhäufung – geleitet von ihrem Sprachgefühl aus der Erstsprache – zwischen die jeweiligen Konsonanten sogenannte Sprossvokale ein, um diese besser artikulieren bzw. aussprechen zu können. Dies führt zu einer falschen Aussprache und sollte unbedingt korrigiert werden.

Belke (2003, 126 f.) fokussiert in diesem Zusammenhang insbesondere auf folgende Übungsschwerpunkte in der Sprachförderarbeit:

Übungsschwerpunkte

- auditive Wahrnehmung der Phonem-Opposition kurz-offen versus lang-geschlossen im Deutschen;
- auditive Wahrnehmung der Diphthonge und Umlaute im Deutschen (z. B. Haus-Häuser; Baum-Bäume);
- auditive Wahrnehmung des Phonems ‚h': für Kinder mit romanischen Sprachen (besonders Portugiesisch, Spanisch), die diesen Laut nicht per se wahrnehmen bzw. bewusst hören können;
- auditive Wahrnehmung der Auslautverhärtung, bevor es zu Übergeneralisierungen kommt;
- Thematisierung von Sprossvokalen im Mündlichen, besonders bei Kindern mit türkischer und italienischer Erstsprache.

Folgende exemplarische Übungsvorschläge sollen verdeutlichen, mit welchem Material zu den genannten sprachlichen Schwerpunkten gearbeitet werden kann.

Kleiner Käfer *(Friederike Terhechte-Mermeroglu)*

Kribbel, krabbel, Käfer klein
krabbelt dort im Sonnenschein!
Krabbelt hoch
und krabbelt runter,
ist den ganzen Tag
lang munter.

Fliegt mal hin
und fliegt mal her,
das Fliegen fällt ihm gar nicht schwer.

Und er setzt sich auf meine Hand,
und krabbelt dort bis an den Rand,
dann helfe ich ihm und setze ihn gern
auf ein Blatt oder einen Blütenstern.

Das Gedicht kann in der Gruppe gesprochen und dabei in Bewegung umgesetzt werden:

- Kribbel, krabbel … *Mit den Fingern auf den Oberschenkeln krabbeln*
- Sonnenschein … *Mit beiden Armen einen großen Kreis in der Luft beschreiben*
- Krabbelt hoch und krabbelt runter … *Auf den Armen rauf und runter krabbeln*
- Fliegt mal hin … *Arme ausbreiten und durch den Raum „fliegen“*
- Und er setzt sich … *Eine Hand ausstrecken, mit der anderen Hand darauf krabbeln; imaginären Käfer vorsichtig greifen und einem anderen Kind auf die Hand setzen.*

Aus: Havva Engin u.a. (2004):
Kinder lernen Deutsch als zweite Sprache.
Berlin: Cornelsen Scriptor, S. 75

Auditive Wahrnehmung der Phonem-Opposition kurz-offen versus lang-geschlossen

O *(Jürgen Spohn)*

Das **O**
ist rund
und deshalb
rollt es aus dem Mund
Ach wo
Doch doch
und innendrin
da ist ein Loch
Soso
Ist außen glatt
So wie
ein Po
das **O**

Dieses Gedicht ist nicht nur ein gutes Training für die Zungen- und Lippenmuskeln (weitere Beispiele vgl. Kap. 8.2), sondern hier können die Kinder spielerisch die Aussprache langer und kurzer Vokale üben.

Aus: Jürgen Spohn (1985): Das Schnepfenköfferchen. München: Goldmann. © Barbara Spohn

10.3.2 Phonologische Kompetenz: Prosodie und phonologische Bewusstheit

Prosodische Kompetenz bedeutet die Fähigkeit des Sprechers, die Regeln der Aussprache, der Betonung und des Sprechrhythmus einer Sprache angemessen zu kennen und zu verwenden. Studien konnten zeigen, dass für Neugeborene die prosodischen Merkmale ihrer Muttersprache (d.h. Intonation, Dynamik, Rhythmik, Pausen und Betonung) auch der erste Zugang zur Sprache selbst sind und sie bereits im Alter von sechs Monaten das typische Wortbetonungsmuster ihrer Erst-/Muttersprache kennen (vgl. Höhle 2005).

Wortbetonungsmuster

Das Deutsche hat – wie andere Sprachen auch – ein besonderes Muster der Wortbetonung. In zweisilbigen Wörtern dominiert die Betonungsfolge betont-unbetont, die auch Trochäus genannt wird. Sie muss von Zweitsprachenlernern mit anderem Betonungsmuster in der Erstsprache explizit gelernt werden. Dies ist besonders wichtig, weil dasselbe Wort in verschiedenen Kontexten unterschiedlich betont werden kann und dabei seine Bedeutung verändert (vgl. Apeltauer 2007, 29). So macht es einen Unterschied, ob es um das Um*fahren* einer Ampel geht oder das *Um*fahren.

Für die Sprachförderarbeit bedeutet dies, dass bei mehrsilbigen deutschen Wörtern das Betonungsmuster stets mitgelernt werden muss.

Besonders wichtig sind die Wortbetonungsregeln des Deutschen für Kinder mit Türkisch als Erstsprache, in der das Muster unbetont-betont (Jambus) dominiert, d. h. die Hauptbetonung liegt – mit einigen Ausnahmen – immer auf der letzten Silbe. Darüber hinaus bestehen die meisten Wörter im Türkischen aus durchschnittlich mehr Silben als im Deutschen (vgl. Tophinke & Röber-Siekmayer o. J., 4).

Im Russischen existiert kein typisches Betonungsmuster wie im Deutschen, sondern der Akzent kann wechseln („dynamischer Akzent"); im Polnischen erfolgt die Wortbetonung auf der vorletzten Silbe.

Bewegung unterstützt das Einüben von Ausspracheformen

Körperliche und/oder musikalisch-rhythmische Bewegung kann in diesem Zusammenhang entscheidend die Wahrnehmung und Artikulation sprachlicher Laute unterstützen. Kinder lernen eine zweite Sprache gut, wenn sie sich in die Laute (Phoneme) und Betonungsmuster der fremden Sprache einhören und dabei gleichzeitig durch eine bewegte Körpersprache des Sprachvorbildes (lebendige Mimik und sprechende Gestik) das Gesagte inhaltlich verstehen und nachvollziehen können.

Zentral ist dieser Aspekt für Kinder mit Deutsch als Zweitsprache, da sie zunächst über das Hörverstehen aufmerksam für die neue Sprache werden und auf dem Gehörten aufbauend die eigene Sprechfähigkeit ausbilden.

Die Einübung von Ausspracheformen und Betonungsmustern des Deutschen für Deutsch als Zweitsprache-Lerner kann mit Hilfe von Singspielen, Fingerspielen sowie einer Vielzahl an kreativen Rhythmikspielen, bei denen Körperbewegungen stimmlich begleitet werden, unterstützt werden (weitere Praxisbeispiele siehe Kap. 9.1). Auf diese Weise können die Kinder den Bedeutungsgehalt sowohl visuell als auch kinästhetisch wahrnehmen und kognitiv verankern.

Zahlreiche Ideen, Spielvorschläge und differenzierte Übungsvorschläge zu diesem Thema finden sich z. B. bei

Gerlind Belke (Hrsg.) (2007): Mit Sprache(n) spielen. Kinderreime, Gedichte und Geschichten für Kinder zum Mitmachen und Selbermachen. Baltmannsweiler: Schneider Verlag

Zvi Penner (2008): Von der Silbe zum Wort. Rhythmus und Wortbildung in der Sprachförderung. Troisdorf: Bildungsverlag EINS

Doris Tophinke (2008): Sprachförderung im Kindergarten – Julia, Elena und Fatih entdecken gemeinsam die deutsche Sprache. Berlin: Cornelsen Scriptor

10.3.3 Wortschatz

Die mittlerweile regelmäßig in den meisten Bundesländern durchgeführten Sprachstandserhebungsverfahren zeigen, dass ein bedeutender Teil der Kinder mit Migrationshintergrund über einen nicht altersangemessen entwickelten Wortschatz in Deutsch als Zweitsprache verfügt. Da sich nahezu alle Sprachstandserhebungsverfahren nur auf die Überprüfung der Deutschkenntnisse konzentrieren, ist nicht bekannt, ob der Wortschatz in der Erstsprache ebenfalls nicht altersangemessen ausgebildet ist. Da jedoch bekannt ist, dass ein großer Teil der Kinder mit Migrationshintergrund aus sozial benachteiligten Elternhäusern mit geringer Schulbildung stammt, ist davon auszugehen, dass die Sprachentwicklung dieser Kinder im Allgemeinen nicht altersangemessen entwickelt ist. Dass diese Annahme richtig sein könnte, zeigen die Untersuchungsergebnisse von einsprachig deutschen Schülern aus sozial benachteiligten Elternhäusern, bei denen die Sprachkenntnisse respektive der Wortschatz ebenfalls nicht altersangemessen ausgebildet sind (vgl. Ergebnisse von Bärenstark 2003; DELFIN 4 2007).

Für die sprachliche Förderung von Kindern mit Deutsch als Zweitsprache lassen sich daraus folgende Konsequenzen ableiten:

Wortschatz fördern

- Der Wortschatz von DaZ-Kindern sollte in entscheidendem Maße gefördert werden. Zu diesem Zweck bieten sich eine Reihe von Aktivitäten wie Bewegungs- und Reimspiele, Lieder sowie Gedichte an, die produktions- und handlungsorientiert erarbeitet und immer wieder in verschiedenen Aktionsformen wiederholt und variiert werden können.

Zusammenarbeit mit den Eltern

- Es sollte darauf hingearbeitet werden, die Eltern in die Sprachförderarbeit einzubinden, insbesondere im Bereich des Wortschatzes. Dazu reicht es häufig, wenn Eltern im Vorfeld über die Inhalte der Sprachförderung in der Kita informiert werden und die Aufforderung erhalten, den entsprechenden Wortschatz zu Hause in den Herkunftssprachen ebenfalls zu erarbeiten bzw. zu wiederholen. Besonders effektiv wird diese Zusammenarbeit ausfallen, wenn die Eltern Fördermaterialien wie Liederbücher, Geschichten-, Spiel- und Reimsammlungen erhalten, die in der Zwischenzeit für die größten Migrantensprachen käuflich zu erwerben sind.

Von Bewegung begleitete Singspiele, Lieder und Gedichte oder Reime eignen sich insbesondere für die Wortschatzarbeit mit jungen Kindern im Kindergarten. Sie erlauben, auf der Grundlage einer gleichbleibenden syntaktischen Struktur einzelne Begriffe einzuführen und auszutauschen und damit die Kenntnis von zentralen Begriffen sukzessive auszubauen. Auch Pantomime und Schattenspiele stellen geeignete Möglichkeiten dar, um die sprachlichen Kenntnisse der Kinder zu vertiefen.

Folgende Reime sollen veranschaulichen, wie zu diesem Bereich praktisch gearbeitet werden kann.

Das Lied über mich

Wortfeld Körperteile

Es gibt Lieder über Hunde, wau, wau, wau,
und auch Lieder über Katzen, miau, miau, miau.
Nur das eine Lied, das gibt's noch nicht,
und das ist das Lied über mich.
Ich hab' Hände, sogar zwei,
und auch Haare, mehr als drei.
Ich hab' einen runden Bauch
Und 'ne Nase hab' ich auch.
Ich hab' links und rechts ein Bein
Und ein Herz, doch nicht aus Stein.
Und jetzt winke ich dir zu: Hallo du, du, du!

Aus: Havva Engin u. a. (2004): Kinder lernen Deutsch als zweite Sprache. Berlin: Cornelsen Scriptor, S. 133

Ich möcht' so gerne ... *(Lore Kleikamp)*

Wortfeld Bewegungsverben

Ich möcht' so gerne *springen*!
Komm und spring mit mir!
Ich möcht' so gerne *springen*!
Komm und *spring* mit mir!
Alleine macht's mir keine Freude,
am schönsten ist es, wenn wir beide,
springen, springen, springen!

Ich möcht' so gern *klatschen*!
Komm und klatsch' mit mir!
Ich möcht' so gern *klatschen*!
Komm und *klatsch* mit mir!
Alleine macht's mir keine Freude,
am schönsten ist es, wenn wir beide,
klatschen, klatschen, klatschen!

Aus: CD, MC und Buch 1, 2, 3 im Sauseschritt. © Menschenkinder Verlag, 48157 Münster

Umfangreiches Übungsmaterial zum Thema Wortschatzerweiterung ist in diversen Publikationen zu finden, z. B.

Silvia Hüsler-Vogt (Hrsg.) (2007): Tres tristes tigres … : Zaubersprüche, Geschichten, Verse, Lieder und Spiele für die mehrsprachige Kinder(Garten)-Gruppe. Freiburg: Lambertus

Roger Loos (2004): Praxisbuch Spracherwerb. Sprachförderung im Kindergarten. München: Don Bosco.

Michaela Ulich u. a. (Hrsg.) (1987): Der Fuchs geht um … auch anderswo. Weinheim, Basel: Beltz.

10.3.4 Wortbildung (Morphologie)

Die Wortbildung im Deutschen stellt insbesondere für Kinder, in deren Erstsprache die Wortbildung anderen Regeln folgt, eine große Hürde dar. Darauf sollten die pädagogischen Fachkräfte früh reagieren, indem sie über entsprechende Sprachangebote, d. h. sprechanregende Lernarrangements, ermöglichen, dass die DaZ-Kinder sich diese Regeln ihrem kognitiven Entwicklungsstand entsprechend aneignen können.

Bedeutsam für DaZ-Kinder ist der Erwerb von folgenden Wortbildungsregeln des Deutschen, womit die meisten Zweitsprachenlerner Schwierigkeiten haben.

Kompositabildung

Die deutsche Sprache ist bezüglich der Bildung von zusammengesetzten Nomen (Komposita) sehr vielseitig. In anderen Sprachen, insbesondere mit agglutinierendem Sprachbau (siehe S. 192) wie dem Türkischen, ist die Kompositabildung meist schwach ausgebildet. Im Türkischen werden dafür – anders als im Deutschen – Morpheme hinter- bzw. miteinander verbunden.

Kinder, die Deutsch als Zweitsprache lernen, haben oftmals Schwierigkeiten zu erkennen, welche Nomen zusammengesetzt sind bzw. werden können. Daher sollte die Vielfalt der Möglichkeiten mit den Kindern im spielerischen Zusammenhang geübt werden.

Die Kompositabildung im Deutschen wird unterschiedlich realisiert:

Nomen	+	Nomen	->	Sandburg
Verb	+	Nomen	->	Spielplatz
Adjektiv	+	Nomen	->	Buntstift

Die Regeln der deutschen Wortbildung erlauben, neue Komposita mit mehr als zwei Wortbestandteilen zu bilden, wie z. B. *Donauschifffahrtskapitän* oder *Meerwasserentsalzungsanlage*. Dies wird durch die Einfügung von sogenannten „Fugen-s" ermöglicht, die sicherstellen, dass auch mehrgliedrige Komposita gut ausgesprochen werden können. DaZ-Lerner können spielerisch sowohl mit dem Phänomen der Kompositabildung als auch der Verwendung von „Fugen-s" vertraut gemacht werden. Geeignete Möglichkeiten bieten wiederum Sing- und Bewegungsspiele sowie (Nonsens-) Reime und Gedichte.

Substantivierung

Eine andere Wortbildungsregel im Deutschen ist die der Substantivierung von Verben und Adjektiven, die für Muttersprachler selbstverständlich ist, aber von DaZ-Sprechern systematisch gelernt werden muss. Insbesondere die Flexionsendungen, die an die Substantivierungen angehängt werden, bereiten häufig Schwierigkeiten:
schön -> das Schöne

Wortbildung durch Affixe, d. h. Vorsilben (Präfixe) und Nachsilben (Suffixe)

Im Deutschen gibt es die Möglichkeit, durch die Verwendung von Vor- und Nachsilben neue Wörter zu bilden, wie beispielsweise (vgl. Eggers 1992, 21):

die Bedeut*ung*, die Freund*schaft*, die Klug*heit*, die Einsam*keit*, das Geheim*nis*, das *Ge*schrei, mut*ig*, glück*lich*, bieg*sam*, vernünft*ig*, gespenst*isch*, nam*haft*, …

Bedeutungsänderung von Verben durch Vorsilben

Die Bildung von neuen Verben mit Hilfe von Präfixen stellt ebenfalls eine Herausforderung für DaZ-Lerner dar:

teilen: ab-teilen, ver-teilen, zu-teilen, mit-teilen, unter-teilen

sagen: be-sagen, ver-sagen, ab-sagen, ent-sagen, zu-sagen, unter-sagen
aber nicht: *um-sagen, *zer-sagen, *mit-sagen

Pluralbildung

Das Deutsche kennt, anders als viele Migrantenensprachen, eine Reihe von Regeln zur Pluralbildung, die für DaZ-Lerner nicht sofort einsichtig sind, sondern schrittweise gelernt werden (vgl. Eggers 1992, 22):

der Lehrer	die Lehrer	Artikel ändert sich; Wort bleibt unverändert
der Tag	die Tage	Endung e
die Uhr	die Uhren	Endung en
der Leib	die Leiber	Endung er
die Gabe	die Gaben	Endung mit en
die Kamera	die Kameras	Endung mit s
der Faden	die Fäden	Umlaut
der Hut	die Hüte	Umlaut + Endung e
der Gott	die Götter	Umlaut + Endung er
die Ärztin	die Ärztinnen	Verdopplung des Buchstabens + en
die Kenntnis	die Kenntnisse	Verdopplung des Buchstabens + e

Hinzu kommt, dass bei Fremdwörtern die Pluralformen unregelmäßig, d. h. nicht nach den aufgezählten Regeln gebildet werden:

das Auto	die Autos	Endung mit s
die Pizza	die Pizzen	Vokalwechsel + Endung mit en

Auch in diesem Zusammenhang bietet es sich an, die Wortbildungsregeln im Deutschen mit Hilfe von eigenem Tun und Handeln, kurz mit Bewegung, einzuführen.

Folgende Beispiele sollen zeigen, welche bewegten Aktionen für diesen Förderschwerpunkt denkbar sind (weitere Praxisbeispiele siehe Kap. 9.3):

Wir machen einen Obstsalat *(vgl. Engin 2004, 99)*

Kompositabildung

Eingebettet in das gemeinsame Tun – es wird ein Obstsalat hergestellt – kann die Erzieherin Sprechanlässe initiieren: die Obstsorten werden benannt und Wortzusammensetzungen spielerisch eingeübt.

Apfel + Schale -> Apfelschale
Kiwi + Scheiben -> Kiwischeiben
Banane + Schale -> Banane*n*schale
Quitte + Schale -> Quitte*n*schale

Was du brauchst *(überliefert)*

Unbestimmter Artikel

Kofferpacken, Kofferpacken
für die große Reise:
Einen bunten Regenschirm,
eine rote Bluse,
ein kariertes Hemd muss mit und recht warme Strümpfe!

Was muss noch mit hinein?
Eine Hose, ein Schal und ein Buch,
eine Jacke, ein Gürtel, ein Tuch,
ein Wasser gegen Mundgeruch!
Eine …

Ein Koffer wird in der Kreismitte platziert. Gemeinsam sprechen die Kinder den Reim und füllen anschließend den Koffer mit den Dingen, die ihnen wichtig (oder lustig) erscheinen. Jedes Kind holt sich einen Gegenstand aus dem Raum, benennt ihn und legt ihn im Koffer ab.

10.3.5 Satzbildung (Syntax)

Aus einer Reihe von Untersuchungen ist bekannt (vgl. Apeltauer 1978, Reich & Roth 2002, Tracy 2002), dass einer der wichtigsten Meilensteine für den Sprachstand von DaZ-Kindern die Fähigkeit darstellt, die Verbzweitstellung im deutschen Aussagesatz zu erkennen und korrekt zu verwenden. Eine weitere sprachliche Hürde für DaZ-Kinder stellt die korrekte Verwendung der Verb- bzw. Satzklammer dar. Thoma & Tracy (vgl. 2006) haben nachgewiesen, wie wichtig eine entsprechende Förderung in diesem Bereich ist: Kinder mit Deutsch als Zweitsprache konnten innerhalb von sechs bis neun Monaten in Aussagesätzen das Verb an der zweiten Position im Satz verwenden und in der Satzklammer Haupt- und Hilfsverben entsprechend platzieren.

Stellung der Worte im Satz

Aufgrund der herausragenden Bedeutung der richtigen Verwendung des Verbs in deutschen Sätzen fokussieren Sprachstandserhebungsverfahren wie HAVAS 5 und DELFIN 4 insbesondere auf diese grammatischen Merkmale. Dies bedeutet für die Sprachförderarbeit, Lernanlässe zu schaffen, bei denen DaZ-Kinder die Gelegenheit erhalten, intensiv die Verbzweitstellung und die Verbklammer im Satz zu lernen und korrekt zu verwenden. Idealerweise kann dies im alltäglichen Dialog bzw. im dialogischen Spiel geübt werden (Praxisbeispiele siehe Kap. 9.4).

10.4 Zusammenfassung und Ausblick

Pädagogische Fachkräfte sollten kontinuierlich und durchgängig bewegungsorientierte Sprachlernprozesse initiieren. Dabei sind idealerweise alle Kinder einzubeziehen und anzusprechen, um das Lernen motivierend und lustbetont zu gestalten. Dabei können sprachrhythmische und musikalische Aktivitäten wie Singen, Spielen und Tanzen als basale Vorläuferkompetenzen den Lese- und Schreibprozess vorbereiten und begleiten.

Die am häufigsten gesprochenen Migrantensprachen in Deutschland wie Türkisch, Russisch, Polnisch, Arabisch, Italienisch etc. bilden mit anderen Regeln Wörter und diese Regeln sind nicht minder komplex als die der deutschen Sprache. Pädagogische Fachkräfte sollten sich bewusst machen, welche Leistungen bereits kleine Kinder beim Sprachenlernen in kürzester Zeit erbringen, wenn sie mehrere Sprachen gleichzeitig zu sprechen lernen. Dieses Wissen könnte ihren Blick auf die Kinder in positiver Weise verändern.

Literatur

Affolter, F. (1987): Wahrnehmung, Wirklichkeit und Sprache. Villingen-Schwenningen: Neckar

Apeltauer, E. (2007): Grundlagen vorschulischer Sprachförderung. Flensburg (Sonderheft 4 der Flensburger Papiere zur Mehrsprachigkeit und Kulturenvielfalt im Unterricht)

Arbeitsgruppe Vorschulerziehung (1974): Zur pädagogischen Arbeit im Kindergarten. München: Juventa

Ayres, A. J. (1984): Bausteine der kindlichen Entwicklung. Berlin: Springer

Bärenstark (2003): Berliner Sprachstandserhebung für künftige Erstklässler. Senatsverwaltung für Bildung, Jugend und Sport. Berlin. http://www.efb-berlin.de/download/baerenstark2003_web.pdf

Bayerisches Staatsministerium für Arbeit und Sozialordnung, Familie und Frauen; Staatsinstitut für Frühpädagogik München (2007, 2. Aufl.): Der Bayerische Bildungs- und Erziehungsplan für Kinder in Tageseinrichtungen bis zur Einschulung. Berlin: Cornelsen Scriptor

Belke, G. (2003): Mehrsprachigkeit im Deutschunterricht. Baltmannsweiler: Schneider Verlag

Belke, G. (2007): Mit Sprache(n) spielen. Kinderreime, Gedichte und Geschichten für Kinder zum Mitmachen und Selbermachen. Baltmannsweiler: Schneider Verlag

Bender, S. (1998): Berühren, Bewegen, Begreifen … Psychomotorische Intervention in der Sprachförderung. In: Praxis der Psychomotorik, 23 (2), S. 91–96

Bender, S. (2004): Sprache ist mehr als Sprechen – psychomotorische Kommunikationsförderung als Perspektive für die logopädische Therapie. In: Motorik, 27, S. 24–30

Bruner, J. (hrsg.) (2002): Wie das Kind sprechen lernt. Bern: Huber

Berghoff, W. (Hrsg.) (2007): Sprachförderung. Hören, benennen, sprechen. Berlin: Cornelsen Scriptor

Burger-Gartner, J.; Papillion-Piller, A. & Reinhart, B. (2006): Da sind wir. Sprachförderung für Kinder ab 2 Jahren. Dortmund: modernes lernen

Butzkamm, W. & Butzkamm, J. (1999): Wie Kinder sprechen lernen. Kindliche Entwicklung und die Sprachlichkeit des Menschen. Tübingen: Francke

Deutsches Jugendinstitut (2000): Wie Kinder multikulturellen Alltag erleben. Ergebnisse einer Kinderbefragung. München. http://www.dji.de/bibs/DJI_Multikulti_Heft4.pdf

Dordel, S. (2003): Bewegungsförderung in der Schule. Dortmund: modernes lernen

Eckert, R. (1985): Auswirkungen psychomotorischer Förderung bei sprachentwicklungsgestörten Kindern. Eine empirische Untersuchung. Frankfurt a. M.: Lang

Eggers, C. (1992): Ziel- und Zweitsprache Deutsch. Anfangsunterricht im Primar- und Sekundarbereich. Organisation, Zielsetzungen, Inhalte, Verfahren. Sprachvergleiche, Medien. Heinsberg: Agentur Dieck

Engin, H., u. a. (2004): Kinder lernen Deutsch als zweite Sprache. Berlin: Cornelsen Scriptor

Engin, H. (2007): Sprach- und Lesekompetenz in mehreren Sprachen – Chance oder Einbahnstraße? In: Neues aus Babylon. Dokumentation der Tagung „Sprachklänge". Hrsg. von der Bürgerstiftung Neukölln. Berlin, S. 68–74

Fried, L. (2006): Sprachförderung. In: L. Fried & S. Roux (Hrsg.): Pädagogik der frühen Kindheit. Weinheim, Basel: Beltz, S. 173–178

Fried, L. & Briedigkeit, E. (2008): Sprachförderkompetenz: Selbst- und Teamqualifizierung für Erzieherinnen, Fachberater und Ausbilder. Berlin: Cornelsen Scriptor

Fthenakis, W. E. (2002): Der Bildungsauftrag in Kindertageseinrichtungen: ein umstrittenes Terrain. In: Bildung, Erziehung, Betreuung, 7 (1), S. 6–10

Fthenakis, W. E. (2003): Elementarpädagogik nach Pisa. Wie aus Kindertagesstätten Bildungseinrichtungen werden können. Freiburg: Herder

Ebert, S. (Hrsg.) (2008): Die Bildungsbereiche im Kindergarten. Freiburg: Herder

Eliot, L. (2002): Was geht da drinnen vor? Die Gehirnentwicklung in den ersten fünf Lebensjahren. Berlin: Berlin Verlag

Gasse, M. & Dobbelstein, P. (2003): Lernen braucht Bewegung. Die Bedeutung der Motorik für Verarbeiten, Speichern, Erinnern. In: forum schule, 2, S. 20–24

Gisbert, K. (2004): Lernen lernen. Weinheim, Basel: Beltz

Grohnfeldt, M. (Hrsg.) (1996): Grundlagen der Sprachtherapie. Berlin: Ed. Marhold im Wiss.-Verl. Spiess

Grimm, H. (2001): SETK 3-5. Sprachentwicklungstest für drei- bis fünfjährige Kinder. Diagnose von Sprachverarbeitungsfähigkeiten und auditiven Gedächtnisleistungen. Manual. Göttingen: Hogrefe

Grimm, H. (2003): SSV. Sprachscreening für das Vorschulalter. Kurzform des SETK 3-5. Manual. Göttingen: Hogrefe

Grimm, H. (2003): Störungen der Sprachentwicklung. Göttingen: Hogrefe

Günther, H. (2003): Sprachförderung. Die Fitness-Probe. Weinheim, Basel: Beltz

Hansen, B. & Heidtmann, H. (2004): Pragmatik in Bewegung. In: Motorik, 27 (1), S. 40–48

Hellrung, U. (2006): Sprachentwicklung und Sprachförderung. Freiburg: Herder

Höhle, B. (2005): Der Einstieg in die Grammatik: Spracherwerb während des ersten Lebensjahres. Postprint der Universität Potsdam. http://opus.kobv.de/ubp/volltexte/2008/1627/pdf/Einstieg_in_die_Grammatik2005.pdf

Hüsler-Vogt, S. (Hrsg.) (2007): Tres tristes tigres ... Zaubersprüche, Geschichten, Verse, Lieder und Spiele für die mehrsprachige Kinder(Garten)-Gruppe. Freiburg: Lambertus

Hunger, I. & Zimmer, R. (Hrsg.) (2007): Bewegung Bildung Gesundheit – Entwicklung fördern von Anfang an. Schorndorf: Hofmann

Irmischer, T. & Irmischer, E. (Hrsg.) (1988): Bewegung und Sprache. Schorndorf: Hofmann.

Jackel, B. (2000): Das Netzwerk des Lernens aus neurophysiologischer Sicht. Dortmund: modernes lernen

Jampert, K.; Leuckefeld, K.; Zehnbauer, A. & Best, P. (2006): Sprachliche Förderung in der Kita. Berlin: Verlag Das Netz

Jampert, K.; Best, P.; Guadatiello, A.; Holler, D. & Zehnbauer A. (2007): Schlüsselkompetenz Sprache. Sprachliche Bildung und Förderung im Kindergarten. Berlin: Verlag Das Netz

JMK – Jugendministerkonferenz (2004): Gemeinsamer Rahmen für die Länder für die frühe Bildung in Kindertageseinrichtungen. http://www.kmk.org/doc/beschl/RahmenBildungKita.pdf

Jungmann, T. (2008): Chancen und Grenzen psychomotorisch orientierter Sprachförderung aus entwicklungspsychologischer Perspektive. In: Die Sprachheilarbeit, 53 (1), S. 26–42

Kany, W. & Schöler, H. (2007): Fokus: Sprachdiagnostik. Leitfaden zur Sprachstandsbestimmung im Kindergarten. Berlin: Cornelsen Scriptor

Kasten, H. (2007): 0-3 Jahre. Entwicklungspsychologische Grundlagen. Berlin: Cornelsen Scriptor

Kasten, H. (2007): 4-6 Jahre. Entwicklungspsychologische Grundlagen. Berlin: Cornelsen Scriptor

Keller, H. (Hrsg.)(2003): Handbuch der Kleinkindforschung. Weinheim, Basel: Beltz

Kleinert-Molitor, B. (1996): Das Spielgeschehen als Sprachlernort – psychomotorisch orientierte Sprachentwicklungsförderung. In: M. Grohnfeldt (Hrsg.): Grundlagen der Sprachtherapie, Bd. 1. Berlin: Ed. Marhold im Wiss.-Verl. Spiess, S. 221–251

Knauf, T.; Düx, G. & Schlüter, D. (2007): Handbuch Pädagogische Ansätze. Berlin: Cornelsen Scriptor

Kraft, J. (1986): Koordination in Wahrnehmung, Bewegung und Sprache. Psychomotorische Grundlagen für die Förderung der Kommunikationsfähigkeit des gehörlosen Kindes im Kindergartenalter. Dissertation. Universität Hamburg

Kuhl, P. K. & Metzloff, A. N. (1982): The bimodal perception of speech in infancy. In: Science, 218, S. 1138–1141

Kuhlenkamp, S. (2004): Gestern – Heute – Morgen. Entwicklungen, Trends und Perspektiven der integrierten Förderung von Bewegung und Sprache. In: Motorik, 27 (1), S. 3–7

Laewen, H. J. & Andres, B. (2002) (Hrsg.): Bildung und Erziehung in früher Kindheit. Weinheim, Basel: Beltz

Landesregierung Nordrhein-Westfalen (2007): Ergebnisse des ersten landesweiten Sprachtests für Vierjährige: 34 000 Kinder erhalten zusätzliche Sprachförderung. Pressemitteilung vom 9.12.2007. http://www.schulministerium.nrw.de/BP/Presse/Meldungen/PM_2007/pm_09_08_2007_pdf.pdf

Largo, R. H. (2007): Babyjahre. Die frühkindliche Entwicklung aus biologischer Sicht. München: Piper

Lehmann, S. (2007): Bewegung und Sprache als Wege zum musikalischen Rhythmus. Osnabrück: epOs Music

Lenneberg, E. J. (1977): Biologische Grundlagen der Sprache. Frankfurt a. M.: Suhrkamp

Leuckefeld, H. (1997): Sprache und Bewegung – Wie können wir etwas bewegen? In: R. Zimmer (Hrsg.): Bewegte Kindheit. Schorndorf: Hofmann, S. 223–227

Leuckefeld, K. (2006): Der Erwerb sprachlicher Strukturen. In: K. Jampert u. a.: Sprachliche Förderung in der Kita. Berlin: Verlag Das Netz, S. 28–41

Liegle, L. (1991): Curriculumskonzepte für die Kindergartenarbeit. In: H. Mörsberger, E. Moskal & E. Pflug (Hrsg.): Der Kindergarten. Freiburg: Herder, S. 19–46

Loos, R. (2004): Praxisbuch Spracherwerb. Sprachförderung im Kindergarten. München: Don Bosco

Lück, G. (2003): Handbuch der naturwissenschaftlichen Bildung. Freiburg: Herder

Lück, G. (2006): Was blubbert da im Wasserglas? Kinder entdecken Naturphänomene. Freiburg: Herder

Locke, J. L. (1997): A Theory of Neurolinguistic Development. In: Brain and Language, 58, S. 553–559

Lütje-Klose, B. (2003): Zottel spielt mit. Inklusive Sprachförderung in Spiel- und Bewegungssituationen. In: Sportpädagogik, 4, S. 8–11

Lütje-Klose, B. (2004a): Psychomotorische Förderung von Kindern mit Sprachbeeinträchtigungen. In: H. Köckenberger & R. Hammer (Hrsg.): Psychomotorik. Ansätze und Arbeitsfelder: Ein Lehrbuch. Dortmund: modernes lernen, S. 407–429

Lütje-Klose, B. (2004b): Szenen psychomotorischer Sprachentwicklungsförderung. In: Motorik, 27 (1), S. 31–39

Mandler, J. & Zimmer, R. (2006): Sprach- und Bewegungsentwicklung bei Kindern. In: Motorik, 29 (1), S. 33–40

Meiers, K. (1980): Kontrastive Analysen zu den Muttersprachen Italienisch, Türkisch, Griechisch, Portugiesisch, Spanisch und Serbokroatisch. In: Praxis Deutsch, Sonderheft, S. 63–77

Merkel, J. (2005): Gebildete Kindheit: Wie die Selbstbildung von Kindern gefördert wird. Bremen: Ed. Lumière

Ministerium für Kultus, Jugend und Sport Baden-Württemberg (2007): Orientierungsplan für Bildung und Erziehung für die baden-württembergische Kindergärten-Pilotphase. Berlin: Cornelsen Scriptor

Ministerium für Schule, Jugend und Kinder des Landes Nordrhein-Westfalen (2003): Bildungsvereinbarung NRW. Fundament starken und erfolgreich starten, Heft 10

Moser, T. (2000): Ein gesunder Geist in einem geschickten Körper? Zur Beziehung von Bewegung, Kognition, Sprache und Selbstbild bei 6- und 7-jährigen Kindern. Dissertation. Deutsche Sporthochschule Köln.

Moser, T. & Christiansen, K. (2000): Die Effekte psychomotorischen Trainings auf kognitive und motorische Lernvoraussetzungen von Kindern. In: Spectrum, 1, S. 84–97

Nickisch, A. (1988): Motorische Störungen bei Kindern mit verzögerter Sprachentwicklung. In: Folia Phoniatr., 40, S. 147–152

Nienkerke-Springer, A. & Beudels, W. (2003): Komm, wir spielen Sprache. Handbuch zur psychomotorischen Förderung von Sprache und Stimme. Dortmund: modernes lernen

Olbrich, I. (2002[3]): Auditive Wahrnehmung und Sprache. Dortmund: modernes lernen

Olbrich, I. (2004): Psychomotorische Kommunikationsförderung im Spiegel der Säuglingsforschung. In: Motorik, 27 (1), S. 16–23

Papoušek, M. & Papoušek, H. (1992): Vorsprachliche Kommunikation. Anfänge, Formen, Störungen und psychotherapeutische Ansätze. Paderborn: Junfermann

Papoušek, M. (2001): Vom ersten Schrei zum ersten Wort. Bern: Huber

Peitz, C. (2007): Bildungsziel: Sprachkompetenz. Saarbrücken: Verlag Dr. Müller

Penner, Z. (2000): Phonologische Entwicklung. Eine Übersicht. In: H. Grimm (Hrsg): Sprachentwicklung. Enzyklopädie der Psychologie: Themenbereich C. Theorie und Forschung: Serie III. Sprache: Band 3. Göttingen: Hogrefe, S. 105–139

Penner, Z. (2008): Von der Silbe zum Wort. Rhythmus und Wortbildung in der Sprachförderung. Troisdorf: Bildungsverlag EINS

Piaget, J. (1975): Das Erwachen der Intelligenz beim Kind. Stuttgart: Klett

Piaget, J. (1976): Sprechen und Denken des Kindes. Düsseldorf: Schwann

Reich, H. H. & Roth, H.-J. (2002): Spracherwerb zweisprachig aufwachsender Kinder und Jugendlicher. Ein Überblick über den Stand der nationalen und internationalen Forschung. Hamburg: Behörde für Bildung und Sport

Rentz, R.; Niebergall, G. & Göbel, D. (1986): Feinneurologische Befunde bei sprachgestörten Schulkindern. In: Klinische Pädiatrie, 198, S. 107–152

Rossbach, H.-G. & Weinert, S. (Hrsg.) (2008): Kindliche Kompetenzen im Elementarbereich: Förderbarkeit, Bedeutung und Messung. Bonn: BMBF

Sander, R. & Spanier, R. (2003): Sprachentwicklung und Sprachförderung – Grundlagen für die pädagogische Praxis. Freiburg: Herder

Schäfer, G. E. (2003): Bildung beginnt mit der Geburt. Weinheim, Basel: Beltz

Schäfer, G. E. (2005): Bildungsprozesse im Kindesalter. Weinheim, München: Juventa

Schuster, K. M. (2006): Rahmenpläne für die Bildungsarbeit. In: L. Fried & S. Roux (Hrsg.): Pädagogik der frühen Kindheit. Weinheim, Basel: Beltz, S. 145–156

Schüttler-Janikulla, K. (1971): Arbeitsmappen zum Sprachtraining und zur Intelligenzförderung. Oberursel: Finken

Senatsverwaltung für Bildung, Jugend und Sport (2004): Berliner Bildungsprogramm für die Bildung, Erziehung und Betreuung von Kindern in Kindertageseinrichtungen bis zu ihrem Schuleintritt. Berlin: Verlag Das Netz

Senatsverwaltung für Gesundheit, Umwelt und Verbraucherschutz (2007): Gesundheitsberichterstattung Berlin. Basisdaten zur gesundheitlichen und sozialen Lage von Kindern in Berlin. – Ergebnisse auf der Basis der Einschulungsuntersuchungen 2005 – Spezialbericht 2007 – http://www.berlin.de/imperia/md/content/sen-statistik-gessoz/gesundheit/spezialberichte/esu2007_bf.pdf

Skowronek, H. & Marx, H. (1989): Die Bielefelder Längsschnittstudie zur Früherkennung von Risiken der Lese-Rechtschreibschwäche. Theoretischer Hintergrund und erste Befunde. In: Heilpädagogische Forschung, 1, S. 38–49

Spitzer, M. (2003): Medizin für die Pädagogik. In: DIE ZEIT, Nr. 32/2003. http://www.zeit.de/2003/39/Neurodidaktik

Szagun, G. (2006): Sprachentwicklung beim Kind. Weinheim, Basel: Beltz

Szagun, G. (2007): Das Wunder des Spracherwerbs. Weinheim, Basel: Beltz

Taeschner, T., u. a. (2004): Hocus und Lotus. Wie kleine Kinder eine zweite Sprache lernen können. Essen: RAA Essen

Thüringer Kultusministerium (2006): Thüringer Bildungsplan für Kinder bis 10 Jahren. Erprobungsfassung, Heft 9

Thoma, D. & Tracy, R. (2006): Deutsch als frühe Zweitsprache: Zweite Erstsprache? In: B. Ahrenholz (Hrsg.): Kinder mit Migrationshintergrund. Freiburg: Fillibach, S. 58–79

Tietze, W., Rossbach, H. G. & Grenner, K. (2005): Kinder von vier bis acht Jahren. Zur Qualität der Erziehung und Bildung in Kindergarten, Grundschule und Familie. Weinheim, Basel: Beltz

Tophinke, D. (2008): Sprachförderung im Kindergarten – Julia, Elena und Fatih entdecken gemeinsam die deutsche Sprache. Berlin: Cornelsen Scriptor

Tracy, R. (2002): Deutsch als Erstsprache: Was wissen wir über die wichtigsten Meilensteine des Erwerbs? Informationsbroschüre 1/2002 der Forschungs- und Kontaktstelle Mehrsprachigkeit der Universität Mannheim. http://www.schule-bw.de/unterricht/paedagogik/sprachfoerderung/wissenschaft/unimannheim.pdf

Ulich, M., u. a. (1987): Der Fuchs geht um … auch anderswo. Weinheim, Basel: Beltz

Walter, G. (2003): Sprache – der Schlüssel zur Welt. Freiburg: Herder

Warnke, F. & Hanser, H. (2004): Nachhilfe ade? In: Gehirn & Geist, 1, S. 64–67

Wendlandt, W. (2006): Sprachstörungen im Kindesalter. Stuttgart: Thieme

Wendler, M. (2001): Diagnostik und Förderung der Graphomotorik. Konzeptionelle Überlegungen zu einem entwicklungs- und bewegungsorientierten Schriftspracherwerb. Inauguraldissertation. Marburg. http://deposit.ddb.de/cgi-bin/dokserv?idn=976275880&dok_var=d1&dok_ext=pdf&filename=976275880.pdf

Weinert, S. & Grimm, H. (2008): Sprachentwicklung. In R. Oerter & L. Montada (Hrsg.): Entwicklungspsychologie. Weinheim, Basel: Beltz, S. 502–534

Wiedenmann, M. (Hrsg.) (1997): Handbuch Sprachförderung mit allen Sinnen. Weinheim, Basel: Beltz

Winner, A. (2007): Kleinkinder ergreifen das Wort. Sprachförderung mit Kindern von 0 bis 4 Jahren. Berlin: Cornelsen Scriptor

Wygotski, L. S. (1977): Denken und Sprechen. Frankfurt a. M.: Fischer

Zimmer, R. (1996): Motorik und Persönlichkeitsentwicklung bei Kindern. Schorndorf: Hofmann

Zimmer, R. (2004a): Lernen durch Wahrnehmung und Bewegung. Grundlagen der Bewegungserziehung. In: S. Weber (Hrsg.): Die Bildungsbereiche im Kindergarten. Freiburg: Herder, S. 66–86

Zimmer, R. (2004b): Kursbuch Bewegungsförderung: So werden Kinder fit und beweglich. München: Don Bosco
Zimmer, R. (2005): Bewegung und Sprache. Erarbeitung eines Konzepts zur Verknüpfung des Entwicklungs- und Bildungsbereichs Bewegung mit der sprachlichen Förderung in Kindertagesstätten. Expertise im Auftrag des Deutschen Jugendinstitutes, München
Zimmer, R. (2007): Toben macht schlau! Bewegung statt Verkopfung. Freiburg: Herder
Zimmer, R. (2008a): Handbuch der Bewegungserziehung. Grundlagen für Ausbildung und pädagogische Praxis. Freiburg: Herder
Zimmer, R. (2008b): Handbuch der Psychomotorik. Freiburg: Herder.
Zimmer, R. (2008c): Handbuch der Sinneswahrnehmung. Grundlagen einer ganzheitlichen Bildung und Erziehung. Freiburg: Herder.
Zimmer, R. (2008d): Sprachförderung braucht Bewegung. Was Springen, Tanzen und Klettern mit Sprachförderung zu tun haben. In: Kindergarten heute, 3, S. 8–12
Zimmer, R. (2009 i. Dr.): MOT 4-8 Screen. Motoriktest für vier- bis achtjährige Kinder. Screening-Version. Göttingen: Hogrefe
Zimmer, R.; Dzikowski, P. & Ruploh, B. (2007): Bewegungs- und Gesundheitsförderung in Kindertagesstätten (unveröffentl. Projektbericht): Osnabrück: Universität Osnabrück
Zimmer, R. & Hunger, I. (Hrsg.) (2004): Wahrnehmen – Bewegen – Lernen. Schorndorf: Hofmann
Zimmer, R. & Vahle, F. (2005): Kinder, Körper, Sprache. Psychomotorisch fördern. Freiburg: Herder
Zimmer, R. & Volkamer, M. (1987): MOT 4-6. Motoriktest für vier- bis sechsjährige Kinder. Weinheim, Basel: Beltz
Zollinger, B. (2007): Die Entdeckung der Sprache. Bern: Haupt